Enrique Díaz Álvarez (Ciudad de México, 1976) es escritor, profesor de Pensamiento Político Contemporáneo en la UNAM y colaborador en medios como *El País* y *Cuadernos Hispanoamericanos*. En 2021 ganó el Premio Anagrama de Ensayo con *La palabra que aparece*.

Lo intolerable
Repulsión, vergüenza
y responsabilidad colectiva
ante la crueldad contemporánea

¿Qué es lo que nuestra sociedad decide no ver? ¿Qué cuerpos pueden ser golpeados, encerrados o explotados sin que nadie se indigne o intervenga? Allí donde el poder ejerce sus mecanismos de represión de forma más descarada es donde surge lo intolerable. Esto es: no solo lo que sucede en los campos de refugiados o tras los muros de las prisiones, sino también, como nos recuerda Díaz Álvarez –en la estela de Michel Foucault, Angela Davis, John Berger o Richard Mosse–, la complacencia con la que observamos la crueldad sin sentir repulsión, vergüenza ni responsabilidad.

Lo intolerable

Enrique Díaz Álvarez
Lo intolerable

Repulsión, vergüenza
y responsabilidad colectiva
ante la crueldad contemporánea

editorial anagrama

Primera edición: abril 2026

Diseño de la colección: Compañía (lookatcia.com)

© Enrique Díaz Álvarez, 2026
Autor representado por The Ella Sher Literary Agency

© EDITORIAL ANAGRAMA, S. A. U., 2026
Pau Claris, 172
08037 Barcelona

ISBN: 978-84-339-4931-8
Depósito legal: B. 697-2026

Printed in Spain

Liberdúplex, S. L. U., ctra. BV 2249, km 7,4 - Polígono Torrentfondo
08791 Sant Llorenç d'Hortons

Libro impreso con materias primas procedentes de una gestión forestal sostenible

Para Julia, y esa sonrisa que arranca

Todos los lugares que entrañan una marginación forzada –los guetos, los suburbios, las prisiones, los manicomios, los campos de concentración– tienen algo en común con los zoos.

JOHN BERGER

Pensar con todo el cuerpo

La cámara de un teléfono móvil apunta a un coche blanco que permanece detenido. Hay movimiento en el interior del vehículo. Todo es muy confuso. Se necesitan algunos segundos para reconocer que el hombre detrás del volante está abrazando a un bebé que llora desconsoladamente. Una mano cubierta por un guante negro entra por la ventanilla y lo sujeta del cuello. Sus ojos están en blanco. Su boca, semiabierta. Tiene espasmos rítmicos y violentos. Entendemos, entonces, que ese hombre de tez morena se está convulsionando. A pesar de ello, no suelta a su hijo.

La madre, que ocupa el lugar del copiloto, trata de inclinarse hacia ellos. No lo consigue. Sus piernas se doblan extrañamente hasta que las rodillas tocan el volante. Alguien parece jalar su cuerpo hacia el exterior. Ella resiste con todas sus fuerzas para mantenerse junto a su familia. Al abrirse la toma, vemos que varios agentes encapuchados del Servicio de Control de Inmigración y Aduanas de los Estados

Unidos (ICE) rodean el auto. Dos de ellos tratan de tirar de las correas del arnés que sujeta al bebé desde la puerta del conductor. Acercan al pequeño a la ventanilla mientras el cuerpo del padre no deja de sacudirse.

Se escuchan gritos. Son personas que protestan al percatarse de la situación. El testigo que graba la escena alza la voz para que sepamos que aquello que vemos acontece en Fitchburg, Massachusetts. Es noviembre de 2025. Se trata de uno de los tantos controles y redadas que ha implementado la segunda Administración de Trump para capturar a migrantes sin papeles. Los han cazado afuera de escuelas, supermercados, y también en cortes migratorias, convertidas en trampas para ratones. Sabemos que aquella mujer fue arrestada y trasladada a un centro de detención para migrantes. Uno imagina el momento en que ese hombre pudo recuperar la conciencia y marcharse de ahí con su niño, completamente aterrorizado.

No basta con llevarse las manos a la boca. Tampoco con apartar la mirada. Es preciso dejarse afectar. Sentirse atravesado por ese escalofrío que irrumpe de forma repentina e involuntaria hasta ponernos la piel de gallina. La política de la crueldad que está en marcha nos obliga a pensar con todo el cuerpo y a prestar atención al desconsuelo, la vergüenza, la indignación y otras emociones que nos vinculan con el dolor de los demás. A tomarnos en serio el estómago revuelto y las náuseas que experimentamos ante la imagen de lo atroz. Dentro del museo del horror contemporáneo, cada uno de nosotros tiene un rostro o un cuerpo maltratado que no deja de perseguirnos ni de herirnos sin remedio.

¿Qué es lo que impide que ese malestar nos mueva a la acción desde una perspectiva crítica o emancipadora? ¿Es que solo la extrema derecha puede movilizar la repulsión? ¿Qué nos quiere decir el mal cuerpo? ¿Contra qué lucha? ¿Qué cosas nos advierten ese temblor, esas arcadas, esa intolerancia que brota de nuestras propias entrañas? ¿Cuánto tiempo nos lleva sacarnos de encima esa sensación insoportable y pasar a un video de capibaras? ¿A quién puede convenir que normalicemos el horror y la vileza de esta forma? ¿Por qué tanto reparo en reconocer lo que encierran el cuerpo y los afectos?

Pienso, cómo no, en Spinoza; no es solo que tendamos a movernos más por los afectos que por la razón, sino que, al obviarlo, se escriben éticas y teorías políticas que devienen sátiras. Totalmente inaplicables.[1] Entre otras cosas, nos han capacitado para tolerar lo inaceptable. Así nos va. Este ensayo nace desde el azoro, la incomodidad y la vergüenza. Va en contra de esa ampliación del umbral de tolerancia que nos ha llevado a la indolencia.

El sentido de responsabilidad no se dicta, sino que se cultiva por medio de la reflexión crítica, la sensibilidad y la imaginación. Por eso mismo necesitamos testimonios, crónicas, novelas y prácticas artísticas

---

1. Baruch Spinoza, *Tratado teológico-político/Tratado político*, Madrid, Tecnos, 2018, p. 175.

que nos encaren con la violencia, la crueldad, la humillación y el abuso de poder hasta *con-movernos* y volvernos incapaces de tolerarlos un minuto más. Nadie como María Zambrano –esa filósofa que se vio obligada a refugiarse al otro lado del Atlántico tras la derrota republicana– para reconocer que «pensar propiamente es arrancar algo de las entrañas».[1] En medio de la ola neofascista que nos cae encima, ¿por qué no recuperar su apuesta por entrelazar la razón, la poesía y la carne?

1. María Zambrano, *Los bienaventurados*, Madrid, Siruela, 2004, p. 91.

Percibir lo intolerable

Foucault y los estudiantes

Otoño de 1966. Michel Foucault organiza cajas, regala plantas y se marcha a vivir a Túnez. Lo han contratado como profesor de Filosofía en la universidad. Está contento. Ama el sol y, tras la publicación de *Las palabras y las cosas*, su prestigio intelectual se ha disparado. La casa que alquila en Sidi Bou Said podría aparecer en una de esas postales cursis que cuelgan en las puertas de las tiendas de souvenirs. Blanca, postigos azules, encumbrada en lo alto de una calle estrecha y caprichosa.

Foucault solo debe alzar la vista de su escritorio para contemplar la bahía que se cuela por la ventana. A pocos kilómetros de ahí está la capital. Por las mañanas se queda en casa para escribir, mientras que por la tarde suele bajar a la ciudad para ir a la Biblioteca Nacional o pasear por la medina. Sus primeras clases en la Universidad de Túnez giran en torno a Nietzsche, Descartes, Husserl. También proyecta diapositivas y habla a los estudiantes de la pintura de Manet.

La apacibilidad de esta vida académica duró muy poco. Tras la guerra de los Seis Días, en 1967, Foucault fue testigo de la represión violenta de las manifestaciones pro-Palestina por parte del Gobierno de Burguiba. Después, entre marzo y junio de 1968, como en muchas otras ciudades del mundo, se produjeron en Túnez una serie de movilizaciones estudiantiles contra la opresión y el autoritarismo del régimen. Cientos de jóvenes fueron encarcelados y torturados; entre ellos, varios alumnos de Foucault. Aquel episodio provocó que el filósofo terminara apoyando la causa estudiantil junto a otros colegas.

No es que Foucault firmara un manifiesto colectivo en el periódico dominical, subiera a su coche descapotable y se fuera a tomar el sol en las playas de Sidi Bou Said que tanto le gustaban. Toma partido activamente. Entre otras cosas, esconde en su casa el mimeógrafo de un grupo de estudiantes marxistas. Muchos de los panfletos que terminaron circulando de mano en mano por las calles de la capital denunciando los abusos policiales y convocando nuevas manifestaciones se imprimieron en su jardín. Este activismo le supuso ser vigilado y golpeado por policías vestidos de civil. Así resume Foucault esa época efervescente:

Viví allí durante dos años y medio. Fue impresionante: asistí a revueltas estudiantiles muy grandes, muy intensas, que antecedieron en varias semanas a lo que pasó en mayo en Francia. Era marzo del 68. La agitación duró todo el año: huelgas, suspensiones de clases, con arrestos. Y en marzo, huelga general de los estudiantes. La policía entró en la universidad, apaleó a los estudiantes, hirió gravemente a varios de ellos y procedió a hacer arrestos. Hubo juicios, en los cuales algunos estudiantes recibieron ocho, diez y hasta catorce años de cárcel. Tuve una idea precisa, directa, de todo lo que estaba en juego en las universidades del mundo [...]. Debo decir que esos muchachos y esas chicas que asumían riesgos tremendos al redactar un panfleto –¡que asumían realmente el riesgo de verse privados de su libertad!– me impresionaron enormemente. Para mí era una experiencia política.[1]

A finales de junio de 1968, Foucault viaja a París y participa finalmente en algunas protestas. Pero no fue sino hasta el otoño, momento en que regresa a vivir a Francia para dirigir el Departamento de Filosofía de la Universidad París VIII, en Vincennes, cuando conoció de primera mano la represión del Gobierno de Charles de Gaulle. Y es que aquella universidad, que recién abría sus puertas, no tardó en solidarizarse con las batallas cotidianas que se seguían produciendo en el Barrio Latino y acabó tomada por la policía antidisturbios. Doscientas veinte

1. Citado en Didier Eribon, *Michel Foucault*, Buenos Aires, El cuenco de plata, 2020, p. 236.

personas, entre ellas Foucault, que sería liberado al amanecer, fueron arrestadas y trasladadas a un centro policial en París.

Esa clase de altercados condicionó el proyecto intelectual de Foucault. *Vigilar y castigar,* y buena parte de su teoría política posterior –empezando por su revolucionaria concepción del poder–, no se explicarían si no hubiera sido testigo directo de la represión y encarcelamiento que sufrieron aquellos cientos de estudiantes que tomaron las calles de París, Túnez y tantas otras ciudades del mundo en aquel emblemático 1968. No fue la historia, sino las cargas policiales y las detenciones abusivas de su propio tiempo lo que condujo al filósofo a detenerse y pensar la prisión como el espacio donde el poder se muestra desnudo. Sin máscaras.

Es casi obsesivo el interés con el que sigue las huelgas y revueltas que realizan los presos políticos en Francia tras los numerosos arrestos de 1968. Si algo advierte Foucault al escuchar las consignas de los detenidos, es la escasa información sobre el sistema penitenciario que entonces se ofrecía a la sociedad francesa. Esa opacidad volvía algo paradójicas las demandas de los presos. Y es que no solo se manifestaban contra el hacinamiento, el hambre, el frío, los golpes o la falta de aire –esa «miseria física» que caracteriza al encierro desde el nacimiento de la prisión, siglos atrás–, sino que lo hacían también contra los tranquilizantes, el aislamiento y los servicios médicos más sofisticados de las prisiones modelo. Esa aparente contradicción lleva a Foucault a sospechar que, aun cuando en las sociedades modernas los castigos violentos han sido sustituidos por «métodos suaves» de corrección y punición, lo que está detrás de las relaciones de poder es siempre el asedio político del cuerpo.[1]

Al poner el cuerpo en el centro de su análisis, Foucault dinamita el hilo que la teoría política había seguido desde Hobbes. Lejos de pensar el poder a partir de modelos jurídicos –o económicos, en el caso del marxismo–, Foucault pretende desarrollar su análisis desde una óptica estrictamente política. No hay gran precedente. Ese desplazamiento teórico lo lleva a desechar la idea del poder como un bien que se adquiere o se enajena mediante un contrato hipotético, para concentrarse en su funcionamiento real. Después de ser testigo de los golpes, los gases lacrimógenos y las detenciones de estudiantes en las calles de Túnez y París, Foucault abrazará una sospecha: el poder es esencialmente lo que reprime. Individuos. Instintos. Una clase. La naturaleza.[2]

Foucault comprende que el mejor método para revelar cómo se ejerce realmente el poder es detenerse en las estrategias y los mecanismos concretos con que se coacciona a los cuerpos que disienten. De ahí que, lejos de prestar atención a los recintos clásicos y aterciopelados del poder –sillas, palacios, congresos, cámaras altas y bajas–, el filósofo se interese

1. Michel Foucault, *Vigilar y castigar,* Ciudad de México, Siglo XXI, 2015, pp. 34-40.
2. Michel Foucault, «Clase del 7 de enero de 1976», en *Defender la sociedad*, Buenos Aires, FCE, 2021.

por conocer lo que sucede en las prisiones y en los demás espacios y edificios específicamente diseñados para confinar y disciplinar los cuerpos.

Con todo esto en mente, resulta fácil imaginar el entusiasmo de Foucault cuando recibió la invitación para coordinar la Comisión de Investigación sobre las Prisiones Francesas, a principios de los años setenta. Así, tras una huelga de hambre llevada a cabo por un grupo de presos políticos marxistas, Foucault asume como tarea impostergable penetrar en las cárceles para conocer con detalle las prácticas con que la tecnología de poder cerca y reprime los cuerpos. Ese filósofo que no se quitaba el suéter de cuello de tortuga ni para caminar entre las dunas del desierto se arremanga el cachemir y sale decidido a meter la nariz en las prisiones de su país.

Investigaciones sobre lo intolerable

8 de febrero de 1971, Capilla Saint-Bernard de Montparnasse. Ante una multitud expectante, Foucault lee el manifiesto del Grupo de Información sobre las Prisiones (GIP), que firmó junto a Jean-Marie Domenach y Pierre Vidal-Naquet. Altavoz en mano, llama a los hombres y mujeres dispuestos a hablar sobre su experiencia carcelaria. El objetivo de la convocatoria es reclamar públicamente el «derecho a saber» sobre ese territorio oculto de represión política. En definitiva, abrir una de las «cajas negras» del poder:

Nos proponemos hacer saber qué es la prisión: quiénes van a ella, cómo y por qué, qué pasa en ella, cómo es la vida de los presos y, asimismo, la del personal de vigilancia; cómo son los edificios, la comida, la higiene, cómo funcionan el reglamento interno, el control médico, los talleres; cómo se sale de la cárcel y qué es, en nuestra sociedad, ser uno de los que han salido de ella. Estas informaciones no las encontraremos en los informes oficiales. Las pedimos a quienes, por cualquier razón, tienen una experiencia de la prisión o una relación con ella. Les rogamos que se pongan en contacto con nosotros y nos comuniquen lo que saben.[1]

Aquel llamado representaba, en la práctica, pasar a la acción. Se trataba de poner en guardia a la opinión pública, en tiempos en los que nadie «tiene la certeza de escapar a la prisión». Tras el movimiento de mayo, el cerco sobre ciertos colectivos era particularmente agresivo: «El control policial sobre nuestra vida diaria se estrecha: en la calle y en los caminos; alrededor de los extranjeros y los jóvenes; ha reaparecido el delito de opinión».[2]

Extranjeros. Jóvenes. En ese orden. Por medio de esa puesta en escena, el GIP no solo pretendía «conocer lo que nos amenaza», sino reunir información para «saber cómo defenderse» en un tiempo en el

1. Michel Foucault, *El poder, una bestia magnífica: sobre el poder, la prisión y la vida*, Buenos Aires, FCE, 2012, pp. 170-171.
2. *Ibid.*, p. 170.

que se resucitaban viejos delitos y se multiplicaban las detenciones arbitrarias bajo el signo de la prisión preventiva.

Aquel grupo interdisciplinario, formado por teóricos, magistrados, abogados, periodistas, médicos y psicólogos, se movilizó para contrarrestar la falta de información sobre las condiciones y prácticas punitivas de los centros penitenciarios. La estrategia para burlar la censura y la opacidad del régimen significó un verdadero acto de resistencia política. El GIP diseña y pone en circulación las «encuestas sobre lo intolerable», con la idea de recabar directamente y por todos los medios posibles el testimonio de los presos y exconvictos. Serían ellos quienes informarían sobre las condiciones represivas que despliega el encierro.

Con el paso de los días, la comisión de expertos sobre las prisiones deviene en un grupo de activistas decididos a infiltrarse y revelar, a toda costa, los entresijos del sistema penitenciario francés. El propio Foucault deja la tranquilidad de su despacho para repartir las encuestas en persona, frente a las cárceles. Llegaba justo a la hora en que los familiares hacían cola para las visitas. Un comentario adjunto a esas encuestas dejaba claro que se solidarizaban con ellos. El lenguaje era directo y combativo: «Tratan a los detenidos como a perros. Los pocos derechos que tienen no se respetan. Queremos sacar ese escándalo a plena luz del día».[1] Y solicitaban su cooperación

1. Didier Eribon, *Michel Foucault*, p. 275.

para responder los cuestionarios con el objetivo de recabar el mayor número de testimonios posible.

La dirección del buzón de correos del GIP era el 285 de la calle Vaugirard, París XV: el domicilio de Michel Foucault, ni más ni menos. Uno imagina a ese filósofo abriendo el buzón de su casa con una baguette en la mano, y separando la factura de la luz de las cartas de los presos que llevaría más tarde a sus colegas. El primer folleto de la serie *Intolerable* del GIP aparece publicado en mayo de 1971. El diseño era muy llamativo: la forma era extrañamente alargada y el color, de un rojo subido de tono. En las páginas interiores se mostraban los resultados de las encuestas llevadas a cabo en veinte prisiones. En la contraportada aparecía esta proclama:

El GIP no se propone hablar por los detenidos de las diferentes prisiones: se propone en cambio brindarles la posibilidad de hablar por sí mismos y de decir lo que pasa en las cárceles. El objetivo del GIP no es reformista, no soñamos con una prisión ideal: deseamos que los presos puedan decir lo que es intolerable en el sistema de represión penal. Debemos difundir lo más rápido posible y lo más ampliamente posible las revelaciones hechas por los mismos presos. Es el único modo de unificar en una misma lucha el interior y el exterior de la prisión, el combate político y el combate judicial.[1]

1. Citado en *idem*.

Deseo, saber, advertir lo intolerable. La escritura de Foucault y sus colegas es elocuente. No es casual que narren en términos de combate el objetivo y el proceso de acumulación de los testimonios. El lenguaje bélico nos sitúa en una concepción política del poder alejada de los modelos jurídicos –anclados en el léxico del pacto y el contrato– heredados desde el *Leviatán* de Hobbes. Cada una de estas encuestas se enuncia como «un acto político», como el «primer episodio de una lucha», como un «frente de ataque».[1] No pueden quedar más lejos las concepciones tradicionales del poder como un bien que se posee, se endosa y cambia de manos, como si se tratase de un coche usado.

La serie *Intolerable* que el GIP puso en circulación consistió en cuatro folletos. Cada uno arrojaba luz sobre los mecanismos con los que el poder controla y somete los cuerpos. No había nada condescendiente o paternalista en las investigaciones. La estrategia implicaba escuchar directamente a los sujetos que habían experimentado en carne propia un poder que somete y regula la vida. El funcionamiento real de ese poder quedaba expuesto gracias a los detalles más crudos y cotidianos del encierro.

Entre otras cosas, las cartas y cuestionarios de los presos detallaban la forma en que se les exponía sistemáticamente al frío extremo; cómo se les golpeaba y ataba a las camas, o el modo en que se les castigaba privándolos de comida y agua. La manera en que

1. Michel Foucault, *El poder, una bestia magnífica*, pp. 173-174.

se les aislaba por semanas, a capricho de los guardias, y se les limitaban los encuentros con sus parejas y familiares. También cómo se les humillaba sistemáticamente por su homosexualidad, la forma en que se los medicaba hasta embrutecerlos y deprimirlos, y la manera en que se orillaba a los detenidos al suicidio.

El impacto público de las investigaciones sobre lo intolerable fue inmediato. Tras la publicación de los testimonios de los presos, el aparato estatal francés permitió, por primera vez, el acceso de miembros de la prensa a las cárceles. Las publicaciones del GIP mostraron que las prisiones y los hospitales psiquiátricos estaban destinados a cercar y controlar políticamente a determinados colectivos. Al describir la humillación y el abuso de poder, movilizaban afectos comunes. De ahí que no tardaran en aparecer otros grupos y comités inspirados en el compromiso militante del GIP. Entre estos últimos, estuvo el Grupo de Información y Sostén de los Trabajadores Inmigrantes.

A pesar del impacto, el GIP tuvo un carácter efímero: se disolvió en febrero de 1973, poco después de que Foucault y sus compañeros decidieran ceder por completo la iniciativa a los propios detenidos. Nadie supo prever que el cambio de estafeta, profundamente coherente con los objetivos iniciales del grupo, no terminaría de funcionar. Ese fin anticipado decepcionó profundamente a Foucault. En una entrevista, Gilles Deleuze recuerda la amargura con la que su amigo vivió la autodisolución del GIP. El filósofo murió con la sensación de que aquella acción política había servido de poco.

Se equivocaba. Quizá es cierto que no se eliminaron las unidades de aislamiento ni se erradicaron los antecedentes penales; tampoco mejoraron sustancialmente la higiene, los servicios médicos ni la compensación por el trabajo que realizaban los presos, pero es un tanto miope reducir el legado del GIP a la satisfacción de las demandas más urgentes de la época. De hacerlo, se pierde de vista la importancia de un colectivo que logró penetrar y echar luz dentro de una «caja negra» del poder, así como poner en el centro del debate político la forma en que se vigila y encarcela a los grupos disidentes. Es difícil no recordar al GIP cuando los cuerpos policiales irrumpen en universidades estadounidenses para arrestar a estudiantes que participan en manifestaciones pro-Palestina. Es difícil no pensar también en los cuerpos migrantes que, sin haber cometido delito alguno, son arrancados de sus coches y detenidos afuera de escuelas, trabajos o supermercados para ser trasladados a centros de internamiento y deportación que operan como cárceles.

Un aspecto capital del GIP fue el hecho de concebir el testimonio como una forma de acción para desvelar lo velado y hacer frente a las nuevas derivas autoritarias. No se trata de hablar por los presos ni compadecerse de su mala suerte, sino de advertir, en esas vidas perseguidas y confinadas, la microfísica de unas relaciones de poder que nos atraviesan e involucran a todos. Y es que lo intolerable no solo resulta de conocer las técnicas con las que se detiene y encierra a estudiantes y extranjeros en jaulas más o menos sofisticadas. Resulta, además, de experimentar esa especie de vértigo que nos invade tras reconocer que todos formamos parte del engranaje de un poder que cerca, controla y jerarquiza, colocando unas vidas sobre otras.

El GIP no pretendía hablar por los detenidos, sino hacer ver y sentir la experiencia carcelaria hasta provocar nuestra indigestión. De ahí que, en el corazón de aquellas investigaciones sobre lo intolerable, se intentase que los propios afectados relataran los abusos cotidianos a los que eran sometidos, con la mayor cantidad de detalles posibles. Eso explica que, además de los cuestionarios, el GIP recibiera en su buzón «autobiografías, diarios íntimos y fragmentos de relatos», muchos de ellos escritos por gente que «apenas sabía sostener un lápiz», mientras que otros mostraban una factura casi literaria. Pero más allá de la calidad de la prosa, todos esos relatos personales desvelaban «cosas estremecedoras», lo cual daba todo el sentido a que el GIP publicara aquel material casi en bruto.[1]

Resulta significativo hasta qué grado asume el GIP que la posibilidad de «aumentar nuestra intolerancia y convertirla en intolerancia activa» no pasa solamente por la teoría (algo abstracto), sino por el

---

1. «Percibo lo intolerable», entrevista de Geneviève Armleder a Michel Foucault en 1971, en Michel Foucault, *El poder, una bestia magnífica*, p. 179.

relato (algo encarnado). Foucault no enuncia la potencia política de los afectos para impulsar la acción, pero tampoco hay que ser un hermeneuta para comprender que el desasosiego, la indignación y demás emociones que provoca leer los testimonios de los presos son parte central de una estrategia orientada a mostrar lo que es intolerable para que deje de ser tolerado.[1] En definitiva, las encuestas no pretendían acumular información, sino sacudir al lector con experiencias concretas que revelaban los mecanismos más oscuros y represivos del poder.

Cincuenta años después, resulta difícil imaginar a un grupo de profesores abandonando su despacho para recabar los relatos de estudiantes e inmigrantes encarcelados bajo condiciones inaceptables. En una época en que la academia se preocupa por acumular certificados con las firmas pertinentes y publicar en revistas especializadas –que nadie lee, pero engrosan el currículo para la siguiente evaluación–, el impulso por dar cuenta del hacinamiento, los abusos y las humillaciones que se producen en cárceles y centros de detención de migrantes suele recaer en periodistas de investigación o en grupos de activistas. Son ellos quienes difunden el testimonio de los afectados con la intención de provocar en nosotros la repulsión y la intolerancia activa ante las nuevas caras del autoritarismo.

---

1. Kevin Thomson y Perry Zuhn (eds.), *Intolerable. Writings from Michel Foucault and the Prison Information Group (1970-1980)*, Mineápolis, University of Minnesota Press, 2021, p. 90.

En el informe del GIP sobre el asesinato de George Jackson en la Prisión Estatal de San Quintín, en California –el único número de la serie *Intolerable* que publicó la editorial Gallimard–, solo se menciona a Angela Davis de pasada. Esto nunca ha dejado de sorprenderme. Resulta extraño que Foucault y sus compañeros pasaran por alto las condiciones de su detención y encarcelamiento, entre 1970 y 1972. Después de todo, fueron los años en que se originó e irrumpió públicamente el GIP, y para entonces Davis –que mantuvo una relación sentimental con ese destacado miembro de las Panteras Negras– ya era una de las caras más visibles de la represión contra el movimiento negro en los Estados Unidos.

La historia que rodea la detención de Angela Davis es conocida: el 7 de agosto de 1970, el hermano pequeño de Jackson es detenido tras un tiroteo frente a un juzgado de California. Davis no se encontraba allí, pero la pistola que confiscó la policía estaba registrada a su nombre, y el FBI la incluyó en la lista de los diez criminales más buscados de los Estados Unidos. En cuestión de días, Davis es arrestada y encerrada en una cárcel de Nueva York. Los cargos fueron generosos: asesinato, secuestro y conspiración. Gracias a la inconsistencia de las acusaciones y a la gran presión popular que rodeó el encarcelamiento –incluidas protestas frente a la prisión y canciones en su defensa, escritas por John Lennon y los Rolling Stones–, resultó absuelta en 1972.

Davis, sin embargo, no necesitó que un grupo de postestructuralistas franceses se infiltrara en la prisión para darle la palabra: la tomó por sí misma. Una vez liberada, entendió que, como parte de su lucha, debía exponer en primera persona el abuso y el racismo que había sufrido durante su encarcelamiento. En 1974 –poco después de que el GIP se disolviera–, Davis publica su «autobiografía política». Tenía veintiocho años. Al contrario de lo que podría parecer, aquella mujer no pretendía individualizar su situación ni enaltecer su figura; más bien le incomodaba escribir sobre sí misma y pasar a la historia como unaególatra de manual. Al fin y al cabo, ¿quién diablos publica una autobiografía a esa edad? Si decidió dar su testimonio fue porque comprendía que relatar los detalles de su vida y su encierro constituía un acto de resistencia política en aquellas circunstancias.

Quizá se deba a que su asesora editorial fue Toni Morrison, pero en el tono y la estructura de la autobiografía de Davis se advierte algo genuinamente literario. Al voltear la vista atrás, hace un repaso sobrecogedor de la persecución y la segregación que experimentó desde que era una niña en Alabama: una pequeña a la que aterrorizaban las bombas arrojadas frente a su casa, en la «Colina de la Dinamita». Así se llamaba a ese barrio debido a los numerosos ataques en contra de las familias afroamericanas por parte del Ku Klux Klan. Su relato explica bien cómo esa criatura atemorizada y brillante terminó ganando becas y migrando para estudiar en Nueva York,

Francia y Alemania del Este. También aclara por qué Davis decidió regresar a los Estados Unidos, en los efervescentes años sesenta, para impartir clases, enrolarse en el Partido Comunista y participar activamente en el Movimiento de Liberación Negro.

En la autobiografía política de Davis, los recuerdos de infancia y primera juventud se entremezclan con la descripción detallada de los mecanismos con que las autoridades controlaban su cuerpo en la prisión de mujeres. La narración arranca con el momento en que la policía la detiene al salir de un ascensor, así como con lo que pasa por su cabeza nada más pisar la cárcel. Davis narra la extrañeza y el miedo que supuso verse confinada, al inicio, en una celda para enfermos mentales. También describe el maltrato institucionalizado, la cucaracha en el desayuno, los gritos desgarradores de una reclusa durante toda la noche, los ruidos metálicos omnipresentes, la exploración vaginal y rectal cada vez que iba a comparecer ante el tribunal y, finalmente, su traslado a una celda de aislamiento, seguido del inicio de una huelga de hambre.

Por más que todo aparezca narrado en primerísima persona, su experiencia carcelaria revela un despliegue de poder que se traduce en prácticas represivas, discriminatorias y humillantes. Una y otra vez, su historia deriva en la reflexión sobre la naturaleza de un poder descaradamente represor y de una institución que pretende animalizar a las reclusas: «Las cárceles y los penales están pensados para destruir a las personas, para convertir a los presos en ejemplares de zoológico, obedientes a sus guardianes pero hostiles entre sí».[1]

Esa autobiografía es política porque su historia no solo expone la violencia física o subjetiva, sino la estructural. Por más que su relato gire en torno a su propia vida y experiencia, Davis pone en evidencia cómo las técnicas de vigilancia y castigo estaban atravesadas por una cuestión de género y de racialización de los cuerpos. Utiliza el ruido y la indignación que produjo su encarcelamiento para revelar públicamente hasta qué grado las prisiones son una institución racista e injusta, diseñada para excluir a comunidades que son sistemáticamente criminalizadas y deshumanizadas.

Resulta significativo cómo la autora hace cuanto está en sus manos, desde el primer minuto, para vincularse con sus compañeras de encierro, en su mayoría mujeres negras o con «acentos extranjeros». Muchas de las reclusas la reconocieron al instante y levantaban el puño al verla pasar. Su autobiografía otorga un lugar central a los gestos de cuidado y compañerismo que convertían esa ratonera en algo habitable. Pienso, por ejemplo, en el momento en que un grupo de presas le ayuda a improvisar una cortina delante de un inodoro para crear algo de intimidad. En los complejos carcelarios, esos vínculos son políticos en la medida en que rompen el aislamiento y la soledad que siempre favorecen a los captores.

1. Angela Davis, *Autobiografía*, Madrid, Capitán Swing, 2016, p. 76.

Tampoco es casual que el cuerpo se encuentre tan presente en la autobiografía política de Davis. Ella sabe que es justamente ahí, en el propio cuerpo, donde comienza la posibilidad de resistir a una maquinaria política que cerca, sujeta y separa. La ecuación parece obvia: si el poder reprime los cuerpos, estos deben ejercitarse para hacerle frente. Davis lo explica como una reacción espontánea e instintiva, casi natural. Al leerla, uno recuerda *Hombres en prisión*, el texto autobiográfico en el que Víctor Serge relata cómo necesitó imperiosamente echar a andar tras la primera hora de su encierro en la cárcel de La Santé, y cómo no tardó en descubrirse emulando a los lobos perturbados del zoológico, que dan vueltas y más vueltas dentro de su jaula, como si tuvieran alguna prisa.[1]

Al igual que este anarquista perseguido por el estalinismo, Angela Davis relata cómo, en la cárcel, sintió una «necesidad imperiosa» de mover el cuerpo. Pero lejos de contar obsesivamente sus pasos o sus vueltas como Serge, decide invitar a sus compañeras a hacer ejercicio juntas. Se trataba de una «cuestión de supervivencia». Los primeros días hacen gimnasia y luego una compañera les enseña movimientos básicos de karate. Las autoridades no tardan en prohibir esos ejercicios. Temen que Davis esté preparando esos cuerpos para organizar un motín. Como tantas otras cosas en aquella jaula, las pa-

1. Víctor Serge, *Hombres en prisión*, Barcelona, Gatopardo Ediciones, 2022, p. 50.

tadas y golpes de karate pasaron entonces a la clandestinidad.

No sé si Angela Davis y Foucault se conocieron alguna vez. Me agrada pensar que sí. Después de todo, Foucault era un lector entusiasta de los escritos del Partido de las Panteras Negras y viajó varias veces a los Estados Unidos, a principios de los setenta, para impartir clases y conferencias en la Universidad de Buffalo. Fue en esos años cuando visitó la prisión de Attica y probó el LSD en el desierto californiano. Aquellas dunas de arena y sal no quedaban lejos de la universidad en la que Davis retomaría sus clases, sin abandonar el activismo político. Luego llegó la publicación de los escritos teóricos en los que Davis fundamenta la necesidad de la abolición de las prisiones –repletos de testimonios suyos y citas de Foucault–, desde los cuales hace frente al racismo institucionalizado y también al negocio millonario que el «complejo industrial-penitenciario» representa hoy para los Estados Unidos.[1]

1. Angela Davis, *Democracia de la abolición: prisiones, racismo y violencia*, Madrid, Trotta, 2016, pp. 29-39.

Vidas encerradas

El desplante de John Berger

23 de noviembre de 1972, Londres. Ceremonia de entrega del Premio Booker. John Berger se levanta de su mesa en el Café Royal y se dirige al rincón donde se encuentra el micrófono. Viste una chaqueta de pana y sujeta unos folios con la mano izquierda. Su novela *G.* ha resultado elegida ganadora ese año y ha llegado el momento de pronunciar su discurso de aceptación. Los responsables de la empresa Booker-McConnell, creadores del premio, el jurado y la gente del mundillo literario se disponen a escuchar al escritor e historiador del arte, conocido por su serie de televisión.

Berger no está para rodeos. Deja claro que la competencia feroz que rodea a los premios le repugna. Las apuestas y especulaciones en torno a cuál de los escritores reunidos allí será elegido ganador le parecen propias de las carreras de caballos. Para un marxista declarado, resulta francamente vergonzosa esa puesta en escena, diseñada para encumbrar al triunfador sobre los perdedores. Luego, claro, ha de justificar el motivo por el que se encuentra ahí. Le gusta creer que lo han premiado para estimular la independencia de la imaginación y la búsqueda de alternativas.

Quizá por eso prácticamente no habla de la novela por la que le han premiado, sino del proyecto que tiene en mente. Aprovecha los reflectores para anunciar que ha empezado a trabajar en un libro que gira en torno a la experiencia de los once millones de trabajadores migrantes que en ese momento radican en Europa. Resume así la intención: hacer que algunos de esos cuerpos desplazados hablen a través de su libro. Es perfectamente consciente de que la pobreza es lo que los impulsa a separarse de sus familias y viajar a los países más industrializados de Europa. Sabe también que ese «ejército laboral» está dispuesto a hacer el trabajo más sucio y peor pagado en ciudades como Londres. Lo que Berger no sabía de esas personas que abandonaban sus casas y países era otra cosa: ¿cómo ven el mundo? ¿Cómo se ven a sí mismos y cómo nos ven a nosotros? ¿Cómo ven su propia explotación?[1]

Obtener la respuesta a estas preguntas exigía aproximarse a los migrantes y escuchar sus testimonios. De ahí que el escritor decidiese acompañar sus pasos desde que dejaban atrás sus pueblos de origen.

1. John Berger, *Selected Essays*, Nueva York, Vintage Books, 2003, p. 254.

La cuestión era que esa clase de acompañamiento y registro implicaba pagar viajes y hospedajes durante cuatro años. Por más austero que fuera el presupuesto, no sería barato. Aún no tenía claro qué forma tendría el libro al final, pero sí que debía involucrar en su proyecto a colaboradores que hablaran turco, portugués o griego para ayudarle a comunicarse con los migrantes en su idioma. También debía contar con el fotógrafo Jean Mohr, porque una parte fundamental del proyecto sería visual.

Esa noche, en el Café Royal de Londres, a minutos de recibir el premio, Berger explica que necesita dinero para costear su libro sobre los migrantes. El monto que le conceden no alcanza para financiarlo, aunque al menos le permitirá empezar a trabajar. Así llegamos al instante en el que el público debe alzar su copa en honor del ganador con una sonrisa. Pero ese momento no llega a producirse: Berger confiesa que le resulta insoportable saber que Booker-McConnell, mecenas del premio, amasó su fortuna comerciando con azúcar, gracias al trabajo de esclavos en el Caribe.

No era preciso ser inspector de Hacienda para advertir que algunas de las consecuencias directas del *modus operandi* de esa empresa colonialista eran la explotación y la miseria extrema de miles de hombres y mujeres caribeños, así como tampoco resultaba difícil comprender que buena parte de los descendientes de esos esclavos se habían visto obligados a emigrar precisamente a Gran Bretaña para seguir siendo explotados allí. La incongruencia saltaba a la vista: un libro que pretendía denunciar el abuso y la precariedad de los trabajadores migrantes en Europa se financiaría directamente «con los beneficios logrados a costa de ellos, sus parientes y sus antepasados».[1]

Sin embargo, lejos de rechazar el Premio Booker, Berger encuentra otra salida: «volver el premio contra sí mismo». El protagonista de la noche anuncia que compartirá la mitad de la dotación con el movimiento de las Panteras Negras. No era una mera coartada para llevar a cabo su libro; el escritor había investigado y decidido repartir el botín con los correligionarios de Angela Davis, puesto que ellos combatían, precisamente, la explotación de los trabajadores migrantes pasados y presentes. Murmullos, aplausos y más burbujas.

Pocos días después de aquella ceremonia, Berger entra en un pub londinense acompañado por fotógrafos y reporteros. Busca a unos tipos que no conoce y que lo esperan. Alguien hace un ademán al aire. Se acerca a una mesa en la que se encuentran dos miembros de las Panteras Negras. Han llegado hace horas, y todavía no creen que el conductor de *Modos de ver* vaya a compartir el premio con su organización. Berger les firma un cheque por veinticinco mil libras y se marcha. Enseguida echará mano de la otra mitad para iniciar su libro sobre los migrantes.

1. *Idem.*

Cincuenta años después de su publicación, *Un séptimo hombre* resulta felizmente inclasificable. Se trata de una mezcla de tratado sociológico, crónica periodística y ensayo. En sus páginas convergen testimonios, poemas, datos estadísticos, citas de Marx, tickets del supermercado y diagramas del cuerpo humano. Y nada sobra. De alguna forma, todos esos elementos se complementan para desenmascarar el abuso y la instrumentalización de los cuerpos migrantes en la Europa de los años setenta.

Aun así, si algo destaca en el libro son las fotografías en blanco y negro de Jean Mohr, que dialogan una y otra vez con el texto. La apuesta funciona: cuando las palabras no alcanzan para transmitir la precariedad y la incertidumbre, entran en juego las imágenes. En ellas se revela el paisaje, la miseria y la parsimonia de los pueblos que las personas dejan atrás, en busca de un trabajo que pueda cambiar el rumbo de sus vidas. Luego están los avatares del traslado, la dificultad de llegar a ciudades con lenguas extrañas, el rigor de las jornadas de trabajo, el desasosiego de sujetos que detestan los domingos y viven pensando en otro lugar.

El título del libro, extraído de un poema de Attila József, hace referencia al hecho de que, en 1974, uno de cada siete trabajadores en Europa era inmigrante. El impulso que da origen al libro, entonces, parece venir de una mezcla exacta de náusea y de vergüenza: a Berger, como él mismo confiesa, le resulta insoportable advertir hasta qué punto el bienestar y la prosperidad económica de las sociedades más industrializadas de Europa –como la que él habita– dependen de la explotación de la mano de obra de sus vecinos del sur.

En lugar de voltear la vista hacia otro lado, Berger se introduce en la cotidianidad de los migrantes que le permiten vivir en ese bienestar. Hurga en la herida. Busca contagiar a sus lectores esa sensación de mal cuerpo que lo invade a él mismo tras reconocer que su calidad de vida se sustenta en el abuso sobre otros cuerpos llegados de lejos. Y es que Berger sospecha que la condición fundamental para alentar un debate crítico en países como Inglaterra, Suiza, Francia o Alemania reside en apelar a la indignación y a la solidaridad de la clase trabajadora. De alguna forma, confía en el poder de su crónica, armada con una serie de testimonios orales y visuales, para motivar la intolerancia activa entre los lectores.

El talento narrativo de Berger –muy lejos de aquel al que podían aspirar Foucault o Angela Davis– le permite llevar más lejos la producción de emociones y afectos que potencian la acción. Tiene claro que la solidaridad se construye. Es justamente ahí, en la posibilidad de hacer ver y sentir lo común, donde brilla el alcance ético-político de la literatura y el periodismo narrativo. En una línea que recuerda a Richard Rorty, Berger sabe que la solidaridad no solo está ligada a los principios abstractos, sino que se crea al ampliar nuestra sensibilidad ante la explotación y humillación de personas y grupos concretos. De ahí que necesitemos narraciones que describan detalladamente a qué se enfrentan y cómo sobreviven esos migrantes.[1]

La estrategia de Berger para generar esa empatía crítica es manifiesta: desde las primeras páginas del libro nos confronta con las historias y los rostros de los migrantes. Vemos a un albañil italiano cubierto de pintura. A un turco que sonríe sin un diente y lleva en la cabeza un sombrero hecho con papel periódico. A un bosnio desnortado que no debe rebasar los dieciocho años. Muchachos que limpian vidrios en lo alto de un edificio sin protección alguna, que destrozan sus pulmones escarbando túneles interminables en Suiza, que viven confinados en barracas decoradas con pósteres de Clint Eastwood y la *playmate* de junio. Hombres a los que engañan una y otra vez por no conocer el idioma y las leyes locales, que trabajan más de doce horas diarias y cobran menos que los nativos por hacer el mismo trabajo.

Si bien el género del libro aparece promiscuo y sus contornos yacen difuminados, el objetivo se aprecia claramente político. Berger confía en el poder de ciertas palabras e imágenes para incrementar el campo de sensibilidad frente a la explotación de cientos de españoles, griegos, portugueses e italianos llegados a las ciudades del norte de Europa para hacer los trabajos más peligrosos, insalubres y peor pagados. Al pasar las páginas del libro, se percibe el costo humano

1. Richard Rorty, *Contingencia, ironía y solidaridad*, Barcelona, Paidós, 1991, p. 18.

que subyace tras un modelo social y económico sostenido por el trabajo de esos «hombres encerrados». Berger asume que comprender cabalmente la realidad política del mundo actual exige conocer la experiencia de un trabajador emigrante y relacionarla, tanto corporal como históricamente, con lo que le rodea. Entiende que el argumento de su libro es europeo, pero su significado se revela mundial:

> Su tema es la carencia de libertad. Esta falta de libertad puede reconocerse plenamente si se relaciona un sistema económico objetivo con la experiencia subjetiva de quienes están atrapados en él. De hecho, en última instancia, esa carencia de libertad constituye tal relación.[1]

Por supuesto, no es una *boutade* que Berger emparente una y otra vez la vida de los trabajadores migrantes con la de los presos. Esa condición se revela particularmente en las fotografías de Jean Mohr. Basta observar a los cientos de trabajadores turcos que son examinados en Estambul por médicos alemanes: aunque el pie de foto indica que son «centros de contratación», bien podría tratarse de una cárcel. Vemos hombres en calzoncillos debidamente alineados. Brazos levantados. Palmas de las manos abiertas. Pechos y muñecas numerados con tinta negra, a la manera de un tatuaje.

1. John Berger, *Un séptimo hombre*, Buenos Aires, Interzona, 2018, p. 13.

Los aspirantes miran de reojo. Esperan nerviosamente su turno. Los médicos revisan uno a uno sus genitales, la forma de su columna, que alcancen la estatura mínima exigida. Me detengo en un hombre al que le mide la talla una doctora alta y esbelta. El paciente de tez morena mira de frente. Estira el cuello como una tortuga. Teme. Necesitaría los tacones de la doctora para rebasar el metro y setenta centímetros reglamentario.

Viendo la imagen que reproduce esa clase de exploración y de registro es imposible no pensar en la anatomía política de Foucault. En el más puro estilo del poder disciplinario, el examen separará a los «aptos» de los «no aptos». Berger nos recuerda, además, que algunos de esos hombres semidesnudos llevan ocho años intentando superar ese corte que les permitiría cruzar la frontera para trabajar en aquello que nadie, del otro lado, desea hacer. Entonces uno casi escucha cómo esos migrantes repiten, en voz baja, el consejo de un compañero que sobrevivió al proceso de selección: «Muéstrales lo fuerte que eres», «contesta con calma sus preguntas».

La lógica biopolítica que acompaña la estadística es implacable. El cuerpo deviene dato y uno de cada cinco aspirantes no superará las condiciones del examen físico. Los aptos firmarán un contrato temporal con una empresa y podrán desplazarse. Estaciones de tren. Colas. Maletas sin ruedas. Sacos. Sombreros. Bigotes de otra época. Campesinos reconvertidos en obreros. El libro de Berger expone imágenes y detalles aparentemente insignificantes del traslado, el trabajo y el encierro. Esa microfísica del poder revela la distribución y el control de los cuerpos migrantes por parte de un sistema político y económico que mercadea con la desigualdad y la falta de libertad de millones de sujetos que tienen poco que perder.

El aire de familia entre los barracones de los trabajadores migrantes y las prisiones es más que evidente: en ambos sitios se contienen cuerpos jóvenes y capaces de desplegar una fuerza de trabajo poco remunerada. Son hombres que pasan un periodo de tiempo determinado alejados de sus familias, privados de relaciones sexuales, compartiendo dormitorios estrechos y un solo cuarto de baño –Berger cuenta siete grifos de agua caliente, diecisiete de agua fría, cinco retretes, cinco duchas– junto a decenas de compañeros cautivos.[1]

Conviene no equivocarse: nada en este libro de migrantes es lacrimógeno o condescendiente. Berger acompaña a personas que tienen la voluntad y el arrojo de hacer frente a la miseria y salirse del guion previsto para sus vidas. Se trata de una decisión perfectamente racional, simplemente buscan una vida menos mala. Regresar a casa con otras posibilidades. Esas mismas expectativas explican que el desgaste de los trabajadores migrantes sea tanto físico como mental. Se trata de «seres discontinuos» que sacrifican el tiempo presente para actuar sobre un futuro que se alarga y se les escapa.

1. *Ibid.*, p. 172.

Seguramente es ahí, en el desgaste mental, donde su experiencia converge más con la de los presos. Berger transmite, con toda la potencia del lenguaje escrito y visual, el dolor que acarrea el aislamiento, la ausencia –aquello que esos hombres no pueden ver, tocar, hacer– y la tendencia de quien padece el encierro a «vivir a base de recuerdos y de imaginar el futuro». A vivir esperando e imaginando «su puesta en libertad como el momento en que volverá a reunirse con todo cuanto quedó en el pasado». Después vendrá la terrible sensación que acompaña a salir, finalmente, del encierro, volver a casa y reconocer que no solo «la vida continuó en su ausencia, sino que él mismo ha cambiado».[1] Aprender a ser un extranjero siempre.

Cómo hemos cambiado

Un séptimo hombre se publicó en 1973. Contrario a lo que su autor pretendía, el libro sufrió el menosprecio de la crítica y no generó la solidaridad que Berger había anticipado entre la clase trabajadora de Inglaterra, Francia o Alemania. Para su sorpresa, el revuelo se produjo en los países de origen de los migrantes. La obra no tardó en traducirse al griego, español, portugués y turco. Se leyó allí como si se tratara de un «álbum de familia». Desde entonces, el libro de migrantes de Berger no ha dejado de reeditarse,

1. *Ibid.*, pp. 184-185.

más ahora que los flujos migratorios se han intensificado y buena parte de Occidente se ve amenazada por el ascenso de partidos de extrema derecha y personajes patibularios hacen caja con discursos antiinmigrantes abiertamente xenófobos y racistas.

De alguna forma, la presente ola neofascista ha resignificado este texto híbrido e inclasificable –el único por el que Berger quiso ser recordado– hasta convertirlo en un referente contemporáneo. Dicho esto, la vigencia radical de *Un séptimo hombre* resulta paradójica. Sorprende porque todo el libro tiene un aire muy retro. No solo por el efecto *vintage* que produce ver las fotos en blanco y negro o las estadísticas obsoletas que presenta Berger con esmero. También el fenómeno migratorio en su conjunto ha crecido y cambiado sustancialmente en Europa y el mundo desde aquellos años setenta. Resulta casi bucólico ser testigo de una migración regulada al centímetro y protagonizada casi exclusivamente por varones. En sus páginas, además, se cruzan fronteras que ya no existen o se han difuminado tras la conformación de la Unión Europea.

Han quedado atrás los días en que los funcionarios alemanes viajaban a Estambul para palpar y medir el cuerpo de los migrantes, como si se tratara de caballos de arrastre, con el fin de contratar temporalmente a los ejemplares más aptos. Hoy, la Unión Europea financia y subcontrata, en países como Turquía, toda una red de campos de internamiento y deportación que mantienen a los migrantes en condiciones carcelarias inaceptables. El hacinamiento, la falta de higiene y la violencia que experimentan los refugiados quedan documentados de forma sistemática por periodistas y escritores que, siguiendo la estela de Berger, experimentan una profunda vergüenza al ver que sus impuestos patrocinan esa vejación.

Exaspera hasta qué grado la migración se enfoca unilateralmente como un problema, sin reconocer que el traslado de personas siempre ha existido. La itinerancia nos precede y nos conforma. En este sentido, tampoco es afortunado defender la movilidad humana en términos estrictamente utilitaristas; me refiero a esos discursos bienintencionados que se centran en resaltar los claros beneficios que trae consigo la llegada de esa gente que se ocupa de lo que nadie quiere hacer aquí y permite repuntar los alarmantes índices de natalidad. Es evidente que gran parte de los trabajadores migrantes son en realidad necesarios, pero más que enmarcar a la migración como un problema o una solución –instrumentalizando esos cuerpos– habría que pensarla como una respuesta racional de personas que buscan dar un giro a una situación cuyas causas sociales, económicas y ambientales son globales y nos involucran a todos.[1]

Estamos lejos de asumir la interdependencia y, con ello, el hecho de que la profunda desigualdad y el cambio climático –verdaderos motores de la mi-

1. Véase Hein de Haas, *Los mitos de la migración*, Madrid, Península, 2024, pp. 11-71.

gración– no son solo problemas de los hombres y mujeres que se desplazan al norte. La falta de reflejos de la izquierda, incapaz de desplegar una narrativa política internacionalista en torno a viejos principios como la solidaridad, la hospitalidad y lo común, resulta abrumadora. Más aún cuando vemos cómo la ultraderecha, ante los estragos del capitalismo neoliberal, ha sabido llenar ese vacío y capitalizar la frustración de la clase trabajadora para hacer justo lo contrario: polarizar y espolear el tribalismo más primitivo.

Regreso al libro de Berger. En su lectura, sorprende ver cómo ha cambiado el origen de los migrantes que no pasan el corte biopolítico. A inicios de los años setenta, los hombres que se desplazaban para hacer los trabajos más peligrosos y peor pagados de ciudades como Ginebra o Frankfurt provenían de España, Italia, Turquía o Grecia. Vaya paradoja. No es solo que ahora esos países sean receptores de migrantes, sino que buena parte de las tragedias humanitarias que hoy acontecen en suelo europeo tiene lugar en las playas, costas y alambradas de esos países amnésicos. Precisamente ahí.

Conocemos esas imágenes. Lejos queda la época en que únicamente los varones aguardaban un tren que los sacaría de su país con una guitarra y un contrato sellado en la mano. Hoy en día son familias enteras las que arriesgan sus vidas al cruzar el mar Mediterráneo en pateras abarrotadas. Ahí están, a la vista de todos, las vidas que huyen de la pobreza, la violencia y las sequías ocasionadas por el cambio climático. Seres que se juzgan como no aptos, poco cualificados, desemejantes. Cuerpos que no pasan el corte biopolítico y hay que contener a toda costa mediante muros físicos y burocráticos.

La violencia simbólica, esa que está anclada en el discurso y en los estereotipos, opera en el espacio de la percepción. Busca movilizar el miedo, la frustración, el resentimiento, la nostalgia y una serie de pasiones tristes –para decirlo con Spinoza– que predisponen a una actitud defensiva o abiertamente hostil respecto al «otro». Es justamente en el cultivo de la desconfianza y del recelo entre extraños donde se desarrolla buena parte del teatro de la política contemporánea. Ese *pathos* favorece la consolidación de plataformas políticas etnonacionalistas que impulsan la militarización de las fronteras y el endurecimiento de las políticas de asilo. No es casual que detrás de la obsesión de los fanáticos de lo propio se encuentre la millonaria industria de las armas, la seguridad y las penitenciarías.

Son muchos los gobiernos occidentales que han establecido lógicas bélicas e inmunitarias destinadas a experimentar, en los cuerpos migrantes, nuevas tecnologías de vigilancia y control social. A los muros, rejas y concertinas se han sumado cámaras infrarrojas, drones, sensores de calor y un uso generalizado de la inteligencia artificial con el objetivo de rastrear y deportar esos cuerpos invasores. De un tiempo a esta parte, las mujeres y los hombres que intentan cruzar ilegalmente una frontera han devenido pruebas de laboratorio.

No se equivoca Wendy Brown: los Estados han encontrado en la *performance* del amurallamiento un recurso con el que escenificar y mantener el aura de su poder en tiempos en que la soberanía estatal está en franco declive. Un poder que parece perdido para siempre ante las empresas multinacionales y la interconexión del comercio global, por más que estemos viviendo un cambio de era y la nostalgia trumpista resucite los aranceles del olvido. En todo caso, lejos de ser un icono de fortaleza, esas edificaciones y prácticas retro son, paradójicamente, una polaroid de su erosión y su fracaso.[1]

Los muros posmodernos ya no se construyen para contener el ataque de otros ejércitos, sino para satisfacer el deseo de mantener a distancia los cuerpos migrantes: hombres, mujeres y niños particularmente vulnerables que se desplazan sorteando obstáculos y peligros indescriptibles. Poco importa que en la práctica no resulten realmente eficaces para impedir a largo plazo los cruces clandestinos, o que incluso fomenten el tráfico de personas. Basta con que se perciban altos e interminables. Basta con hacer cada vez más trágica la odisea de cruzar. Basta con que las redadas, encarcelamientos y deportaciones sean espectaculares. *Good television*.

1. Wendy Brown, *Estados amurallados, soberanía en declive,* Barcelona, Herder, 2015, pp. 33-34.

Vergüenza
y responsabilidad
colectiva

El niño

Dos de septiembre de 2015. Playa de Ali Hoca Burnu, Turquía. Aylan Kurdi ha sido arrojado por el mar como si se tratara de un alga. Permanece bocabajo, inmóvil. Pantalón corto azul, camisa roja. Zapatos bien puestos. Parte de su rostro está enterrado en la arena. Las olas van y vienen, cercan su figura. Es una imagen insoportable. Giramos la cabeza. Algo afecta a nuestro propio cuerpo, nos golpea el estómago. Ese niño de tres años que permanece inmóvil es todos los niños que conocemos. Podría serlo. Su vulnerabilidad y su desamparo nos atraviesan. Uno pide que alguien –el policía turco que lo observa o la persona que dispara la cámara– lo levante inmediatamente en brazos. Uno espera que despierte y respire de golpe.

La fotógrafa que tomó aquella imagen cuenta que se le «heló la sangre» al verlo tumbado en la orilla del mar. Supo que era tarde y decidió registrar lo que veía y «hacer que su grito se escuchara en el mundo». El efecto de ese grito en la opinión pública fue inmediato: el cuerpo de Aylan Kurdi nos encaró de lleno con la mayor crisis migratoria desde la Segunda Guerra Mundial. Miles de refugiados sirios llevaban meses perdiendo la vida al intentar poner un pie en Europa, sin suscitar esa clase de reacción. Tuvimos que ver la imagen de ese niño ahogado para detenernos.

El giro del discurso fue notable. Al día siguiente, los diarios ingleses publicaron en sus portadas la foto de Aylan Kurdi con titulares como: «El hijo de alguien», «Una pequeña víctima de una catástrofe humana» o «INTOLERABLE». Así, en mayúsculas. Poco después, Angela Merkel declaró que esa crisis «nos concernía a todos» y admitió la entrada de más de un millón de refugiados en Alemania. La UE siguió sus pasos: estableció un corredor humanitario y planteó la necesidad de fijar cuotas entre sus miembros para relocalizar y acoger a los migrantes varados en Grecia y en otros puntos del Mediterráneo.

En cuestión de semanas fuimos testigos de cómo las ONG que trabajaban con migrantes recibían donaciones nunca vistas. No pasó mucho tiempo antes de que unos iluminados bautizaran su barco de rescate en honor del niño sirio. Ese torrente de humanitarismo llegó incluso a *The Sun*; el periódico sensacionalista pasó de describir a los migrantes como «cucarachas» –al más puro estilo del genocidio de Ruanda– a lanzar, en primera página, la campaña

«For Aylan»: un reportaje que recogía la vida familiar del pequeño sirio, mientras nos urgía a donar con esta consigna: «Para ayudar a miles de niños como el niño migrante ahogado».

Existe una industria entera especializada en lucrarse con la desgracia ajena y el lavado de conciencia. Esa riada de sentimentalismo resultó volátil, por no decir francamente hipócrita y oportunista. Y es que apenas un año después, el flamante corredor humanitario que atravesaba Europa estaba cerrado. El esquema de reubicación de migrantes había cedido terreno a la detención indefinida y la deportación, con lo que miles de refugiados y solicitantes de asilo sirios permanecieron atrapados en una serie de campamentos improvisados en las islas griegas. La Unión Europea terminó firmando un acuerdo millonario con Turquía para devolver a ese país a toda persona que arribara irregularmente a las islas del Egeo. Poco importaba que dichos procedimientos violaran los derechos humanos de los refugiados.

Punto y aparte, claro, fue el vuelco del Reino Unido. Muchos de quienes se arrodillaron en la arena gritando al cielo «llévame a mí» ante la muerte del niño sirio cambiaron bruscamente de opinión y de sensibilidad. Tras una campaña en la que la derecha ultraconservadora prometió endurecer el control de las fronteras, una mayoría votó a favor de abandonar la UE. El discurso abiertamente xenófobo y nativista que movilizó el Brexit para capitalizar la incertidumbre y el malestar generados tras la crisis financiera de 2008 no tardó en ser emulado por Donald Trump. Desde entonces, los migrantes han sido ofrendados recurrentemente a las huestes como el chivo expiatorio al que hay que cercar y sacrificar en aras de recuperar la armonía perdida.

Una parte muy importante del combate contra las plataformas etnonacionalistas está destinada a librarse en el campo de la percepción y de los afectos. Ese combate no es fácil. A la beligerancia de las narrativas antiinmigrantes se suma una implacable mezcla de ceguera y apatía, propia de la saturación de luz y píxel. Vivimos en sociedades anestesiadas por una ingente circulación de fotografías y videos. ¿Migrante muerto por hipotermia?..., deslizar dedo; ¿gato obeso cae de una hamaca?..., deslizar dedo; ¿rutina de sentadillas y flexiones aprovechando los muebles de la oficina?..., deslizar dedo; ¿electricista atacado por un panal de abejas en lo alto de un poste de luz y con música tecno de fondo?..., risas, verlo otra vez..., deslizar dedo.

Esa sobreexposición de imágenes e información termina por escamotear la mera posibilidad de prestar atención durante más de noventa segundos. Nuestra disposición al asombro y nuestra capacidad empática parecen quedar gobernadas por el ritmo que marcan los *reels* de Instagram. Pienso en cómo el naufragio de los cuerpos migrantes se ha ido acumulando y normalizando como un mero ruido de fondo. Poco parece escandalizar, por ejemplo, que más de treinta mil personas –entre ellas tres mil quinientos niños– se hayan ahogado en el Mediterráneo desde que Aylan Kurdi fue escupido por las olas.[1]

A diez años de distancia, uno se pregunta cómo nos hemos podido acostumbrar a que un niño muera cada día en ese mar que baña las costas de Europa, África y Asia. Precisamente ese mar que se lleva nuestros mejores chapuzones del verano y que se mantiene, año tras año, como la frontera más mortífera del mundo, según el proyecto *Missing Migrants* de la Organización Internacional para las Migraciones, la OIM. De un momento a otro, encontramos que ese niño sirio está vestido a la manera de Bart Simpson y debatimos si es momento o no de ponerse otra tanda de protector solar.

Supongo que algo de esta insensibilidad proviene de la «adaptación sensorial». Lo conocemos todos: entras al autobús que te conduce cada día al trabajo y un olor pestilente hace que te tapes la nariz de golpe. No es suficiente. Esa combinación de sudor agrio y fritanga se cuela sin tregua. Resulta asqueroso. Pero uno va tarde y no puede esperar a que pase el siguiente autobús. Te abres paso como puedes y esperas a que se libere un lugar. Intentas pensar en otra cosa. Poco después sacas el teléfono móvil para revisar los mensajes de WhatsApp y hacer los cambios de la liga de fantasía que tienes con los amigos. No han pasado ni siete minutos cuando ya te has acostumbrado y prácticamente no percibes ese olor nauseabundo.

1. https://www.cear.es/noticias/un-aylan-kurdi-muere-cada-dia-en-el-mediterraneo/

Esa mezcla de anestesia y memoria corta es parte de un proceso evolutivo que nos permite liberar nuestra atención y buscar estímulos menos trágicos para seguir adelante. La cuestión es que, en términos sociales, tal reducción de la sensibilidad nos lleva a soportar lo insoportable. Parece claro que la exposición constante a imágenes y noticias atroces termina por ampliar nuestro umbral de tolerancia hasta la indiferencia más irresponsable. Sé que no es fácil contrarrestar esa adaptación neuronal que nos permite continuar con nuestra vida sin paralizarnos por el dolor ajeno y distante, pero debemos encontrar la forma de saber cuándo es necesario dar un paso atrás e identificar lo que –como cuerpo social– nos hace daño tragar. En definitiva, asumir que esa náusea y repulsión revelan aquello a lo que somos intolerantes.

Ahora bien, aquí resulta fundamental preguntarnos cómo podemos transitar del sentimentalismo efímero y superficial –ese que se presta a la manipulación y el negocio más cínico– a un sentido de responsabilidad ante situaciones políticas complejas. Esto no guarda relación alguna con la exigencia de bondad, sino más bien con la capacidad de pensar e imaginar, con todo el cuerpo, las condiciones objetivas y subjetivas que expulsan a los migrantes.

Dicha responsabilidad está ligada al vínculo que nos ata a otros seres humanos y a sus destinos. De ahí que resulte tan importante alejarnos del racionalismo más excluyente y prestar atención a la producción de afectos capaces de sacudir nuestra indolencia frente a la desigualdad, el abuso de poder o la humillación. Este giro afectivo de la ética no menosprecia la capacidad de ciertos relatos que, como el libro de John Berger, nos desvelan que nuestra existencia está invariablemente entrelazada con personas que no conocemos y de las que, sin embargo, solemos sacar provecho con un individualismo descarado.

Se trata de hacernos cargo de esa interdependencia. De plantearnos una concepción de autonomía que no desestime nuestro carácter relacional y afectivo. No hablo del altruismo o la lástima autocomplaciente de los buenistas al uso, sino de la «responsabilidad colectiva» a la que hace referencia Hannah Arendt. Esa filósofa que se refugió en los Estados Unidos tras la Segunda Guerra Mundial nos enseña que dicha responsabilidad es siempre política, por cuanto implica reconocer que formamos parte de un grupo, comunidad o nación y somos responsables de lo que se hace en nuestro nombre. A diferencia del sentimiento de culpa, que es una carga estrictamente personal, esta responsabilidad tiene como correlato asumir las consecuencias de actos que no cometimos personalmente, pero que nos atañen en cuanto miembros de un entramado social.[1]

Arendt pone fin a las dudas de forma explícita; mientras que resulta bastante ridículo sentir culpa y

1. Hannah Arendt, *Responsabilidad y juicio*, Barcelona, Paidós, 2007, p. 151. Sobre la brecha entre la responsabilidad y la culpa contemporánea véase Natalia Carrillo y Pau Luque, *Hipocondría moral,* Barcelona, Anagrama, 2022, pp. 89 y ss.

perder el sueño por un acto que uno no ha cometido, sí podemos considerarnos responsables –y por ello se nos puede pedir cuentas– por cosas que han ocurrido sin que participáramos activamente en ellas. La razón de todo esto, insiste Arendt, es que cada uno de nosotros es responsable de lo que lleva a cabo la comunidad política a la que pertenece. Particularmente quienes vivimos bajo gobiernos pretendidamente democráticos y representativos:

> Esta responsabilidad vicaria por cosas que no hemos hecho, esta asunción de las consecuencias de actos de los que somos totalmente inocentes, es el precio que pagamos por el hecho de que no vivimos nuestra vida encerrados en nosotros mismos, sino entre nuestros semejantes, y que la facultad de actuar, que es, al fin y al cabo, la facultad política por excelencia, solo puede actualizarse en una de las muchas y variadas formas de comunidad humana.[1]

Evidentemente esta responsabilidad colectiva y vicaria no exculpa a los individuos que realmente son culpables de cometer un crimen –Arendt nos advierte que «donde todos son culpables nadie lo es»–, sino que traslada el centro de interés del yo a la relación que mantenemos con los otros en un mundo cada vez más interdependiente. Recupera de los griegos una concepción de la ética que forma

---

1. Hannah Arendt, *Responsabilidad y juicio*, p. 159.

parte de la política: lo primordial no radica en si un individuo es bueno o no, sino en si su conducta resulta buena o no para el mundo en el que vive. Es significativo que en su ensayo sobre la responsabilidad colectiva –escrito en 1968, mientras las movilizaciones estudiantiles contra la guerra de Vietnam se multiplicaban en los Estados Unidos– ponga el foco en la necesidad de ampliar la responsabilidad y el juicio. Y también lo es que ligue la facultad de pensar críticamente a la imaginación, esto es, a la capacidad de representar y hacer presente lo que está ausente. Si algo permiten ciertas narraciones es sentirse tocado por las vidas de los otros, muchas de ellas distantes, hasta experimentar una verdadera indigestión y vergüenza al ver las injusticias perpetradas en el mundo.[1]

Sentirse afectado

Tras el triunfo del Brexit, la extrema derecha no ha dejado de extenderse por Europa y América. Parte fundamental de su estrategia radica en movilizar un discurso antiinmigrante plagado de mentiras y exageraciones: los culpa, una y otra vez, de la falta de empleo, de la inseguridad, de la crisis de vivienda social y de la saturación de los servicios de salud y educación públicos. Delante de nuestras narices, los fanáticos de lo propio han colonizado el drama y

1. *Ibid.*, pp. 156-159.

han impuesto sus metáforas. *Invasión. Tsunami. Hordas.* Estas parábolas amenazantes no son inocentes.[1] El neofascismo no escatima palabras ni imágenes para generar entre la ciudadanía una sensación de alarma permanente que allane el camino a la militarización de las fronteras y a la declaración de un bonito estado de excepción.

De un tiempo a esta parte, incluso la circulación de fotografías intolerables como la del ahogamiento de Aylan Kurdi ha terminado por ser instrumentalizada para desinformar y servir a la agenda de la extrema derecha. Y es que existe una iconografía dramática en torno a la migración que funciona bien para los profetas del apocalipsis: pateras repletas naufragando frente a las costas griegas, jóvenes de pie en el techo de un tren que atraviesa México, hombres trepando una valla fronteriza al lado de un club de golf en Melilla. Son imágenes espectaculares que, presentadas sin contexto o notas al pie, proyectan una sensación de asedio y descontrol destinada a engrasar las ruedas de la militarización de las fronteras y del endurecimiento de las políticas de asilo.

Por eso importa confrontar esas amenazadoras imágenes, reproducidas en los medios de comunicación masiva, con una serie de contranarrativas del calibre de *Un séptimo hombre.* Contrarrestarlas continuamente con investigaciones y relatos que ex-

1. Véase Juan Carlos Velasco, *El azar de las fronteras*, Ciudad de México, FCE, 2016, pp. 50-56.

pongan las condiciones objetivas y subjetivas que impulsan la migración. Prestar atención a crónicas que trasciendan el drama del traslado para revelarnos, con toda la potencia del lenguaje, las razones de su decisión, así como el enorme costo físico y psicológico que pagan los hombres y mujeres que migran para que otros mantengan una buena calidad de vida. No es banal la apuesta política por producir palabras e imágenes que nos lleven a sentir repugnancia frente al racismo y la xenofobia que despliega actualmente el nacionalpopulismo.

Ignoro si Foucault leyó el texto de Arendt sobre la responsabilidad colectiva tras deshacer las maletas a su regreso a París. Probablemente no, pero encuentro cierta resonancia entre ellos. Sin enunciarlo, ambos vinculan la responsabilidad que impulsa a la acción política con una forma de racionalidad que no rehúye las emociones. Importa que nos afecten la injusticia y la opresión que sufren los otros hasta no tolerarlas más.

En plena ola neofascista, no parece baladí actualizar esa exigencia ético-política para convertirnos en personas activamente intolerantes. Alérgicas, por ejemplo, a la deshumanización y el abuso de poder desplegados en los campos de internamiento y deportación de migrantes, que funcionan como prisiones en la práctica. Llegados a este punto, no puedo evitar recordar el inicio de la entrevista que Ferdinando Scianna le hizo a Michel Foucault tras su experiencia en el GIP:

FS: ¿Por qué la prisión, profesor?
MF: Tenemos vergüenza de nuestras prisiones.[1]

Imposible decirlo más claro: no es posible poner en marcha una intolerancia activa y crítica frente a la desigualdad, la asimetría del poder y el cerco político de los cuerpos sin potenciar una serie de afectos que los apóstoles de la extrema derecha no conocen ni contemplan, empezando por la fraternidad y la vergüenza. No se trata de transformar el sufrimiento en espectáculo, sino de poner en circulación imágenes y testimonios alternativos, frecuentemente omitidos pese a su valía, hasta sentir que nos perforen y nos hagan reconocer lo común. Hablo de advertir el malestar del propio cuerpo ante el dolor y la humillación del otro, de experimentar el vértigo de lo intolerable.

Quizá sea por el embate neofascista que nos cae encima, pero una y otra vez me viene a la cabeza cómo describe Primo Levi la expresión de los primeros soldados rusos que llegaron a Auschwitz para liberarlos. Eran cuatro jóvenes a caballo. Avanzaban con cautela, metralleta en mano. Al llegar a la alambrada, se detienen a mirar «con un extraño embarazo» a los cadáveres, las ruinas, los pocos supervivientes que estaban allí. No los saludaban ni les sonreían: «parecían oprimidos, más aún que por la compasión, por una timidez confusa que les sellaba la boca y les clavaba la mirada sobre aquel espectáculo funesto». Levi y sus compañeros de encierro conocían bien esa

1. Michel Foucault, *El poder, una bestia magnífica*, p. 196.

clase de vergüenza, la habían experimentado ellos mismos; es la vergüenza que invade el cuerpo, la que se siente «ante la culpa cometida por otro» y «pesa por su misma existencia». Lo repite todo el tiempo: cuando fue liberado lo que dominaba era la «vergüenza del mundo», la «vergüenza de ser un hombre».[1]

No les falta razón a Gilles Deleuze y a Guattari cuando insisten en que esa clase de vergüenza y de responsabilidad no solo las experimentamos en situaciones extremas como las descritas por Levi, sino también «ante la vileza y la vulgaridad» que «acechan» y que «se propagan» en las democracias contemporáneas. Así lo explican: «no nos sentimos ajenos a nuestra época, por el contrario, contraemos continuamente con ella compromisos vergonzosos. Este sentimiento de vergüenza es uno de los temas más poderosos de la filosofía. No somos responsables de las víctimas, sino ante las víctimas».[2]

Marina Garcés nos recuerda cómo la «visión de lo intolerable» representa para Deleuze un acontecimiento que alumbra una nueva sensibilidad en nosotros, y cómo esta irrupción que altera la forma previa de ver el mundo importa en la medida en que apela a una emoción profunda y compartida. Esa vergüenza –propia de un cuerpo afectado– no solo ensancha los umbrales de nuestra facultad de sentir repugnancia frente al abuso de poder o la injusticia,

1. Primo Levi, *Trilogía de Auschwitz*, Barcelona, Océano/El Aleph, 2012, p. 252.
2. Gilles Deleuze y Félix Guattari, *¿Qué es filosofía?*, Barcelona, Anagrama, 2001, p. 109.

sino que puede despertar incluso una revuelta colectiva que esté a la altura de lo que acontece. De ahí que Garcés insista en que la vergüenza no solo es la emoción del vínculo, sino una potencia de contestación.[1]

Quizá sea hora de aceptar que buena parte del fracaso de la izquierda contemporánea reside en su incapacidad de comprender el poder de los afectos y la imaginación para enfrentar con ellos el tribalismo y la desafección que cultiva el nacionalpopulismo. La vocación por intervenir el campo de la sensibilidad y la visibilidad no tiene por qué ser exclusiva de los fanáticos de lo propio.[2]

La posibilidad de hacer frente –incluso cambiar de bando– a las pasiones tristes y asumir colectivamente la interdependencia no vendrá únicamente de argumentos racionales, sino de producir lazos y, con ello, hacer valer otra clase de emociones en el espacio de la política. Empezando por esa vergüenza que puede convertirse en un resorte para la acción política. Y es que, como menciona Frédéric Gros, se necesita imaginación para sentir esa «vergüenza del mundo» de la que habla Levi y pensar que las cosas podrían ser de otra manera.[3]

1. Marina Garcés, *Un mundo común*, Barcelona, Edicions Bellaterra, 2013, pp. 54-55; Marina Garcés, *Escuela de aprendices*, Barcelona, Galaxia Gutenberg, 2020, pp. 41-43.

2. Chantal Mouffe, *El poder de los afectos en la política*, Madrid, Siglo XXI, 2023, pp. 43-45.

3. Frédéric Gros, *La vergüenza es revolucionaria*, Barcelona, Taurus, 2023, pp. 16-18.

No es casual que la teoría crítica contemporánea se interese cada vez más por la relación entre estética y política para abordar las nuevas formas de represión y control social. De alguna forma, el espíritu de las investigaciones sobre lo intolerable del GIP persiste en la irrupción de ciertas prácticas narrativas y artísticas que desvelan el cerco político de los cuerpos migrantes. Son escritores, cineastas, fotógrafos y artistas contemporáneos quienes suelen poner en juego la repulsión, vergüenza y responsabilidad política que impulsan a tomar posición frente a las nuevas cajas negras del poder y a explorar otros horizontes de posibilidad.

Trastocar el enfoque biopolítico

La cámara-arma de Richard Mosse

En 2015, el artista visual Richard Mosse veía en televisión cómo cientos de migrantes, la mayoría sirios y afganos, eran confinados en campamentos de Grecia, Italia y otros países mediterráneos. Tras la odisea de cruzar el mar en pateras, los migrantes se enfrentaban ahora a la detención y a un encierro indefinido. La hospitalidad de la Europa-fortaleza se reducía a distribuir y concentrar sus cuerpos en playas inaccesibles, antiguos campamentos militares y estadios abandonados. En cualquier rincón lejos de la vista y del olfato locales.

A esta marginación le siguió la opacidad. Los gobiernos limitaban la información en torno a unos centros de detención que muy pronto empezaron a sobrepoblarse. Algunas organizaciones civiles comenzaron entonces a movilizarse para dar cuenta del trato indigno e insalubre que recibían los hombres, mujeres y niños allí recluidos. Las protestas en el interior de los centros crecieron ante la llegada del invierno. Sobre el muro de uno de los campamentos de refugiados, ubicado en la isla griega de Lesbos, un grafiti anunciaba:

BIENVENIDOS A LA PRISIÓN DE MORIA

Los periodistas que se desplazaban para cubrir esos campos alertaban claramente de «una tragedia próxima a suceder» y no dudaban en calificar las condiciones de ese cautiverio como «una vergüenza para Europa».[1] Conocer con detalle el encierro y la administración de la vida de los migrantes cautivos se volvió una necesidad impostergable. Faltaban testimonios. Faltaban imágenes.

Fue entonces cuando Mosse decidió registrar lo que ocurría en el interior de aquellos campamentos de migrantes. Penetrar el cerco no resultaba fácil, pero una amiga suya, que se dedicaba a filmar animales salvajes, le había hablado hacía poco de una cámara muy potente que había probado. Mosse pensó que las características de ese aparato le permitirían arrancar algunas imágenes de aquellos centros de internamiento. Uno se imagina al artista irlandés iniciando la operación con una épica posmoderna. Martes. Diez y media de la mañana. Zapatillas bien puestas. Taza de café y dos tostadas. Silla ergonómica. Ordenador. Google. Tac. Tac. Tac.

1. https://www.theguardian.com/world/2017/dec/22/this-isnt-europe-life-greece-worst-refugee-camps

No tardó en localizar aquel dispositivo. Lo producía una empresa europea de armamento, con una política de ventas sorprendentemente laxa. Para su sorpresa, la cámara contaba con la tecnología óptica necesaria para penetrar en los campamentos de refugiados y capturar lo vedado al ojo público. No era una cámara utilizada por cineastas o periodistas; se trataba de un dispositivo capaz de detectar la radiación térmica que, emparejado con un gran teleobjetivo, podía rastrear y poner en la mira objetivos a gran distancia. En concreto, permitía detectar el calor del cuerpo humano a una distancia de hasta 30.3 kilómetros, tanto de día como de noche.

Por sus características y prestaciones, las leyes internacionales catalogan esta cámara como un arma. Suelen adquirirla militares y fuerzas policiales de todo el mundo buscando reforzar el control de sus fronteras o eliminar enemigos potenciales en batallas a campo abierto. También la compró Richard Mosse. El proyecto que tenía en mente era tan simple como subversivo: «voltear la cámara-arma contra sí misma».[1]

La estrategia consistía en usar aquella tecnología militar con un objetivo contrario al de la Europa-fortaleza. En lugar de poner en la mira los cruces fronterizos para vigilar y controlar el movimiento de los cuerpos no deseados, Mosse apuntaría hacia los campamentos de refugiados. El alcance de la cámara ser-

---

1. Richard Mosse, «Transmigration of the souls», en *Incoming*, Londres, Mack, 2017.

viría para librar una nueva batalla: penetrar y revelar, con tecnología militar punta, la disposición de los cuerpos migrantes en aquellas «cajas negras» del poder. Mosse buscaba conocer las condiciones a las que se hallaban sometidos hombres, mujeres y niños en campamentos que ellos mismos calificaban como cárceles.

El impulso ético-político que lo empujaba a realizar esta práctica artística remite tanto a la responsabilidad colectiva de Arendt –«No podemos apartar la mirada de lo que está aconteciendo en nuestro nombre»– como a Foucault, cuando apela a lo insoportable y nos llama la atención sobre el cerco político del cuerpo: «Me parece vergonzoso cómo hemos fallado a los refugiados».[1] Mosse dejaba claro que su objetivo era expandir entre los espectadores europeos, cuyos gobiernos vigilan y encierran los cuerpos migrantes, un «sentimiento de complicidad» que «no nos deje exentos de responsabilidad».[2]

Poco después, Mosse cruzaba las fronteras más vigiladas de Europa con su cámara-arma a cuestas. La mecánica era sencilla y se repetía: localizado el campamento a fotografiar, Mosse buscaba un punto elevado, colocaba la cámara en un trípode robótico y comenzaba a capturar los «mapas de calor» del paisaje. No es fácil describir las fotografías resultantes:

1. Richard Mosse, «The Keep», en *The Castle*, Londres, Mack, 2019.
2. https://www.irishtimes.com/culture/art-and-design/visual-art/richard-mosse-the-idea-of-the-artist-going-it-alone-is-bogus-1.4 579865

parecen panoramas hechos en una sola toma, aunque en realidad son cientos de capturas termográficas alineadas y ensambladas mediante un delicado proceso técnico de posproducción. Cada mosaico revela, como una especie de radiografía, las entrañas de los campamentos que la cámara ha capturado. El calor corporal de los migrantes, ese dato biológico del que nadie puede desprenderse, se traduce en un blanco fantasmal que contrasta con la oscuridad del terreno, inhóspito y frío.

El gesto deviene político: una cámara militar, cuya finalidad era rastrear, repeler y asesinar a enemigos potenciales, es reprogramada y disparada por el artista visual para desvelar el racismo de Estado que gobierna el cerco político de los cuerpos migrantes. El fotógrafo usurpa esa mirada disciplinaria que todo lo atraviesa y transparenta, y coloca en el centro de nuestra atención la forma en que el biopoder regula y somete a quienes vienen de otras tierras.

La potencia de ese lente permite a Mosse registrar clandestinamente el caos y la fragilidad de los campamentos, transformados en un mar de contenedores y tiendas de campaña distribuidos anárquicamente. Sus radiografías revelan los mecanismos de poder que aplastan los cuerpos y las esperanzas de los migrantes. Frente a nuestros ojos, aparece un poder que administra el descuido y la frustración.

No es casual que titule la serie fotográfica de esos campamentos de refugiados *The Castle*, en una alusión evidente a la novela de Kafka. Existe una política desquiciante de la espera que condiciona la trayectoria de los migrantes desde el momento en que deciden abandonar sus casas. Al contrario de lo que se suele imaginar, durante buena parte del recorrido los migrantes permanecen varados en lugares imprevistos. Eso, cuando no quedan atrapados en campamentos que funcionan como prisiones.

Todos estos centros de internamiento son también laberintos. Marañas administrativas en donde el letargo burocrático está diseñado para agotar a los que luchan por obtener un visado con el que cruzar la frontera. Comprendemos, entonces, que esa «espera» es en sí misma violenta; opera como una estrategia de poder destinada a demorar y obstaculizar el paso de los cuerpos migrantes. Y nos preguntamos si no es hora de buscar otro término para describir a personas que son desaceleradas sistemáticamente durante todo su camino, hasta terminar detenidas por completo. La fórmula parece clara: dime cuánto tiempo te lleva cruzar una frontera y te diré si estás entre los que pasan el corte biopolítico o no.

Contemplo el mapa térmico del enorme campamento de refugiados de Moria: vallas laberínticas, controles de seguridad, altavoces. Cuerpos atrapados y sobreexpuestos al frío. Colas interminables en pos del menú del día. Nieve, charcos, ropa tendida y alguna fogata. No parece haber baños suficientes, y debería haberlos, pues son miles de personas las que se encuentran allí encerradas. Estas vergonzantes condiciones se replican en otros campamentos fotografiados por Mosse. Una y otra vez, observamos estructuras carcelarias y espectros que esperan: sentados en pequeños grupos, recostados en tiendas de campaña, acercando sus cuerpos al fuego, deambulando hacia ninguna parte.

Estas radiografías de la deshumanización contemporánea nos sonrojan e interpelan. El novelista Teju Cole experimentó un escalofrío al descubrir el trabajo de Richard Mosse; confiesa que se «sintió acusado» ante las imágenes obtenidas de los campamentos de refugiados. No se trataba de culpa ni lástima, sino de la responsabilidad de quien se descubre remplazando la pregunta «¿por qué está pasando esto?» por otra de corte radicalmente ético-político: «¿por qué he permitido que esto suceda?».[1]

En realidad, Mosse es el primero que siente esa responsabilidad y una vergüenza intolerable al ver las imágenes que arroja su cámara-arma. Pienso, por ejemplo, en el día que escuchó los disparos de unos francotiradores turcos desde las torres de vigilancia del campo de refugiados de Boynuyogun. Los chicos sirios que le ayudaban le explicaron que las balas iban dirigidas contra quienes intentaban escapar atravesando el río, y que eran frecuentes. Uno le señaló el punto exacto en el que, dos días antes, habían matado a un niño que cruzaba junto a su madre. Resulta imposible no compartir el vértigo de Mosse mientras trataba de localizar algún cuerpo con su cámara: sabía que estaba empleando la misma tec-

1. https://www.nytimes.com/2019/02/06/magazine/when-the-camera-was-a-weapon-of-imperialism-and-when-it-still-is.html

nología que los perpetradores y que esos disparos estaban financiados por la Unión Europea.[1]

Al usurpar esa tecnología de hipervigilancia, Mosse nos obliga a observar los cuerpos migrantes desde la perspectiva del biopoder. Sus mapas de calor constituyen la gramática de una política que convierte el cuerpo en dato y desprecia determinadas vidas, normalizando su daño, su precariedad y su muerte. En esos mapas térmicos no existen palabras ni miradas ni contexto, nada que permita empatizar con los migrantes o con sus historias de vida. Solamente aparecen signos que reducen lo humano a su expresión más simple: calor, pulso, movimiento. Datos leídos e interpretados por máquinas.

Cuerpos tan blancos

28 de octubre de 2015, Lesbos, noche. Un viejo barco pesquero, con más de trescientos migrantes a bordo, termina colapsando y hundiéndose frente a la costa griega donde se encuentran Richard Mosse y su equipo. El registro térmico de la cámara-arma resulta particularmente apropiado para documentar ese incidente. La desesperación de los cuerpos a la deriva –puntos que emanan calor en un mar especialmente agitado– es captada a pesar de la distancia y la oscuridad.

Mosse baja a pie de playa dispuesto a grabar los

1. Richard Mosse, «The Keep».

74

detalles del desembarco de algunos supervivientes. Las imágenes que proyecta la óptica térmica, usada tan de cerca, resultan hipnóticas. Aquí no hay tomas panorámicas ni planos generales realizados desde un punto elevado. Por el contrario, Mosse nos aproxima a pocos centímetros de su carne. La imagen en movimiento produce desconcierto, estupefacción, mareo. Tardamos unos momentos en comprender lo que observamos.

La textura que genera el registro térmico en esos cuerpos y rostros despierta nuestros sentidos. Percibimos los rastros de calor que van dejando las manos de los migrantes en los botes salvavidas, en las mantas y en otras superficies que han tocado apenas unos minutos antes. Es claro que la piel tiene memoria. Ahí está la huella del otro. Algo en nuestro propio cuerpo se eriza. Ese escalofrío delata hasta qué punto nos interpela su fragilidad y el esfuerzo por conservar la vida.

Me concentro en la sensación que nos invade al ver a los paramédicos y voluntarios dar calor a esos cuerpos, blancos como el mármol, inertes por la hipotermia. No es una metáfora. Esas imágenes extrañamente estéticas nos empujan a comprender lo que sucede con el cuerpo entero. De alguna forma, nos hacen abandonar esa necia racionalidad que excluye la carne y las emociones. La conexión que establecemos con esas imágenes nos revela una habilidad mental que teníamos entumecida. Y es que, como menciona Laura U. Marks a propósito del videoarte intercultural, la visualidad no es solo óptica sino también háptica: en ella «los ojos mismos funcionan como órganos del tacto».[1]

La responsabilidad que se siente al ver esos cuerpos desorientados o muertos de frío nada tiene que ver con los marcos abyectos al servicio de la culpa. Aquí es inútil buscar la víctima perfecta. La imposibilidad de distinguir identidades y rasgos más finos trampea nuestro impulso de rendirnos al sufrimiento más fotogénico. Cada uno de esos cuerpos migrantes resume la suerte de miles. Esto importa porque, lejos de dar vuelo a un sentimentalismo neurótico y autocomplaciente, nos encara con una violencia que es sistémica. También con la galopante indiferencia e insensibilidad que nos lleva a ampliar el umbral de tolerancia hasta niveles nauseabundos. Aquella noche de octubre murieron cuarenta y tres personas.

Me pregunto si el director Jonathan Glazer conocía el trabajo de Mosse antes de filmar *La zona de interés,* una película sobre la vida cotidiana de la familia de un comandante de Auschwitz, que habita una casa ubicada justo al lado del campo de exterminio. Tras muchos minutos provocando nuestra incomodidad con secuencias de los niños jugando en el jardín y nadando bajo el aire de las chimeneas, así

1. Laura U. Marks, *The Skin of the Film Intercultural Cinema, Embodiment, and the Senses,* citado en María José Peschard «Visualidades hápticas y vulnerabilidad de los cuerpos: hacia una política-poética de la interdependencia», en Enrique Díaz Álvarez y Rosa María Lince (eds.), *Arte y política: narrativas, representaciones, violencias,* Ciudad de México, UNAM, 2023.

como de los padres cultivando flores y organizando banquetes –sin juicio moral alguno sobre lo que acontece al otro lado del muro, en una clara alusión a la banalidad del mal que plantea Hannah Arendt–, irrumpen de golpe unas extrañas imágenes nocturnas grabadas con una cámara térmica.

Vemos entonces a una niña de doce años que sale de casa para enterrar manzanas junto al paso y las herramientas que usarán al día siguiente los prisioneros del campo de concentración. Todo queda captado con una textura y brillantez que recuerdan a las imágenes en negativo de Mosse. Como en el caso de los voluntarios en la playa de Lesbos, esa cámara que registra el calor del cuerpo nos muestra un acto de resistencia y humanitarismo –en este caso recreado– que realmente tuvo lugar. Al recibir el Óscar a la Mejor Película Internacional en 2024, Glazer dedicó el premio a aquella niña polaca que decidió actuar ante la brutalidad, en un discurso en el que también denunció la violencia y deshumanización cometidas en la ocupación y guerra de Israel en Gaza.

El uso de ambas cámaras térmicas revela que representa una cuestión ética atentar contra la ampliación de un umbral de tolerancia que favorece una indolencia vomitiva. Importa sentir repugnancia. Pensar con el cuerpo. La responsabilidad colectiva no consiste únicamente en esforzarse por mirar imágenes que registran injusticias y sufrimientos insoportables, sino en pensar críticamente la relación que guardamos con ese trato indigno e inhumano que se produce a nuestra costa. Y en tomar posición. No se equivoca Susan Sontag cuando recuerda que la compasión es vacua y se marchita si no se traduce en acciones:

> Cuando sentimos compasión, sentimos que no somos cómplices de las causas del sufrimiento. Nuestra compasión proclama nuestra inocencia, así como nuestra impotencia. En ese sentido, puede ser una respuesta inadecuada, cuando no impropia (a pesar de nuestras buenas intenciones). Dejar a un lado la compasión que experimentamos por aquellos que se ven afectados por la guerra y la política asesina para, en su lugar, reflexionar sobre cómo nuestros privilegios se ubican en el mismo mapa que su sufrimiento y pueden estar vinculados –de formas que quizá preferiríamos no imaginar–, del mismo modo que la riqueza de unos puede implicar la indigencia de otros, es una tarea para la que las imágenes dolorosas y conmovedoras aportan solo una chispa inicial.[1]

No se trata de ir corriendo a la playa a socorrer para así salvarnos a nosotros mismos, como tampoco de pagar la entrada de un museo de arte contemporáneo para acumular imágenes crueles que nos permitan sentir que «hicimos algo» mientras nos compadecemos –o nos felicitamos por nuestra buena suerte– en el bar más cercano a la salida.

1. Susan Sontag, *Regarding the Pain of Others*, Nueva York, Picador, 2003, pp. 102-103. La traducción es mía.

Se trata de hacernos cargo de una deshumanización y asimetría de poder obscenas, que nos incumben querámoslo o no. Atender menos al drama y más a la vergüenza e impotencia que nos abruman. Palpar lo común.

El gesto de Orwell

Giorgio Agamben recuerda que los griegos tenían dos términos para referirse a la vida: por un lado, *zoé,* que hacía referencia al simple hecho de vivir, situación compartida por todos los organismos. Por el otro, *bíos*, que expresaba una vida singular, cualificada, propia de un individuo o un grupo. Desde Aristóteles, la política ha estado relacionada, no con la vida natural o desnuda, sino con el vivir bien junto a otros. La vida política implica compartir un espacio y un lenguaje común; intercambiar palabras para distinguir lo justo de lo injusto, el bien del mal, lo admisible de lo intolerable.[1]

Ese filósofo italiano retoma la teoría de Arendt y Foucault para advertir que, a raíz del nacimiento de la biopolítica, la *zoé* ha cobrado un enorme protagonismo en los mecanismos y cálculos del poder. La creciente politización de la *nuda* vida se manifiesta particularmente en la consolidación del estado de excepción. Ese mecanismo, supuestamente provi-

1. Giorgio Agamben, *Homo sacer: el poder soberano y la nuda vida*, Valencia, Pre-Textos, 2010, pp. 9-19.

sional, se ha extendido y generalizado bajo una política que antepone la seguridad a cualquier otro valor. La cámara-arma de Mosse nos permite ver, por un instante, cómo la óptica biopolítica animaliza a los cuerpos migrantes. No es casual que un campamento tan emblemático como el de Moria semeje una conejera. Uno imagina a Foucault y a los miembros del GIP haciendo cola para asomar sus ojos en la mirilla del aparato de Mosse y apuntarlos así hacia las cajas negras del siglo XXI.

El cerco y la suspensión del orden jurídico que impera en los centros de internamiento de migrantes guardan mucho más que un aire de familia con los campos de concentración. Su lógica queda de manifiesto tanto en el hacinamiento y la escasez de alimentos como en la forma en que los migrantes y refugiados han devenido en el *Homo sacer* por excelencia: vidas que, como insiste Agamben, se pueden maltratar o quitar de encima sin que ello sea considerado homicidio.[1]

La pregunta es cómo abrir fisuras en los marcos biopolíticos y las narrativas que proyectan a los cuerpos migrantes como animales o *aliens* invasores. Encararlos exige algo más que buenas razones y principios; requiere también de afectos comunes. Por eso importa generar palabras e imágenes que combatan las pasiones tristes –miedo, odio, nostalgia, resentimiento– que despliegan los discursos

1. https://elpais.com/cultura/2016/04/19/babelia/1461061660_628743.html

neofascistas. Hablo de acceder a testimonios escritos y visuales que nos revuelvan el estómago y nos produzcan esa clase de vergüenza que implica respeto y una empatía crítica.

Hace tiempo que el hacer ver y el hacer sentir lo intolerable se juega en el campo de la estética. El racionalismo más obtuso impide reconocer que muchas veces la responsabilidad colectiva –esa que es política y poco tiene que ver con la culpa neurótica o lacrimógena– emerge al poner en juego afectos contrarios y más fuertes, como la confianza o un amor más poderoso que el odio (Bad Bunny *dixit*), que contrarrestan las pasiones tristes. Se trata de reconocer, junto a Spinoza, lo que puede el cuerpo, los vínculos y ese deseo que nos define e impulsa a perseverar, ante todo.[1]

No puedo evitarlo: leer algo sobre los disparos de los francotiradores turcos contra niños y madres sirias me retrotrae inmediatamente a George Orwell. Particularmente, a una anécdota que él narra sobre su paso por la Guerra Civil española. Una mañana, a primera hora, Orwell estaba «acechando fascistas» en las trincheras ubicadas a las afueras de Huesca. Las líneas de ambos bandos estaban separadas por unos trescientos metros. Aquella distancia hacía casi imposible disparar con precisión. Por otra parte, los rifles eran demasiado viejos y Orwell carecía de puntería. No había sitio donde esconderse. Probar de cruzar aquel campo de remolacha resultaba básicamente suicida.

---

1. Baruch Spinoza, *Ética*, Madrid, Alianza, 2013, partes III y IV.

Orwell y su compañero decidieron esperar a que cayera la noche para cruzar el campo. Luego se desplazaron hasta una zanja situada a unos cien metros de la trinchera enemiga. No encontraron a nadie. Permanecieron demasiado tiempo a la espera de que sucediera algo y el alba los sorprendió. Se quedaron allí, inmóviles, petrificados. Luego intentaron reunir valor para regresar corriendo a campo traviesa. Entonces oyeron un tumulto, unos silbidos y el ruido de unos aviones republicanos acercándose. En ese momento, un hombre saltó fuera de la trinchera fascista y comenzó a correr a lo largo del parapeto, a plena vista. Orwell lo tuvo cerca, vio claramente cómo iba a medio vestir, cómo se sujetaba los pantalones con ambas manos. No disparó. He aquí sus motivos:

Es cierto que soy un mal tirador, incapaz de acertar a un hombre que vaya corriendo cien metros más allá; además, en ese instante pensaba sobre todo en volver a nuestra trinchera mientras toda la atención de los fascistas se concentraba en los aviones. Aun así, si no intenté matarlo fue en parte a causa del detalle de los pantalones. Había ido allí a matar «fascistas», pero un hombre que tiene que sujetarse los pantalones no es un «fascista»; es a todas luces un prójimo, alguien como uno, y no se tienen deseos de dispararle.[1]

1. George Orwell, «Recuerdos de la guerra de España», en *Ensayos*, Barcelona, Debate, 2014, pp. 415-416.

Tras relatar este incidente, Orwell se apresura a decir que aquello no significa nada. Piensa que son cosas que ocurren en la guerra y que no bastan para conmover a quienes lo leen. Creo que hace bien en no abundar ni moralizar sobre aquella anécdota. Como los buenos chistes, el gesto no necesita explicarse. Entendemos las razones de golpe, con el cuerpo mismo. Y es que algo de ese hombre al que se le caen los pantalones, algo en esa intimidad expuesta y esa mala fortuna, resuena en nuestra propia piel y en nuestra historia. No es fácil traducir la mueca cómplice, la vergüenza ajena, el reflejo que lleva a dejar de apuntar al otro porque es como uno mismo. Se experimenta y ya está. Esa es la vulnerabilidad y el deseo de persistir que nos atraviesa y que se traduce en una solidaridad inesperada.

No sé muy bien por qué cito esta anécdota de Orwell, quizá porque siento que nada queda más lejos de su gesto que los francotiradores que Richard Mosse escuchó disparar en Turquía. A veces creo que entendemos muy poco, por no decir prácticamente nada, a qué nos comprometen la mutua fragilidad corporal y la interdependencia. Basta con esforzarnos por explicar una imagen nauseabunda, con intentar reconocer la dignidad que surge de cierta rabia o con buscar definir la crueldad para advertir cuán poco habituados estamos a pensar seriamente en lo que el cuerpo nos dice.

Una vulnerabilidad combativa

El vuelco de Carrère

Emmanuel Carrère llegó a Calais en 2016 para escribir un reportaje corto y urgente. Nada más instalarse en el hotel, se dio cuenta de que los turistas ingleses que solían abarrotarlo habían desaparecido. Todos los huéspedes eran periodistas, cineastas y artistas, llegados desde diversos puntos de Europa «para dar testimonio del infortunio de los migrantes». Por aquellos años «la Jungla» –el enorme campamento que se estableció en la periferia de la ciudad francesa– contaba con alrededor de siete mil hombres, mujeres y niños que permanecían atrapados ahí, aguardando día tras día un momento de distracción para esconderse en un camión y cruzar el túnel que lleva al Reino Unido.

Sabemos que los cineastas Michael Haneke y Laurent Cantet pernoctaron en el mismo hotel que Carrère. Nada menciona de Richard Mosse, pero bien pudieron cruzarse en el bufet del desayuno: a fin de cuentas, el artista visual estuvo más de diez veces en Calais para internarse en la Jungla con su cámara térmica. Lo que sí sabemos es que pasaban los días y Carrère daba vueltas alrededor de la Jungla sin osar introducirse. Al final se adentró, acompañado de una joven voluntaria que conocía bien el campamento.

Después de la visita, el escritor decidió no contar nada de lo que había visto dentro. Confiesa que lo ha intentado «pero avasalla». Y sorprende la forma en que Carrère lleva a buen puerto un reportaje que no da voz a uno solo de los miles de migrantes que en su momento formaron el barrio de chabolas más grande de Europa. Si algo refleja ese enmudecimiento son los dilemas éticos que plantea describir de forma honesta un campamento dantesco enclavado en el corazón de Europa, sin caer en la culpa, el extractivismo o el heroísmo al uso.

Carrère no es un adalid de lo políticamente correcto y sabe que dentro de ese campamento pasan cosas brutales que no deben ser encubiertas. Y se lo agradecemos, porque de lo contrario se ocultaría lo que produce un laboratorio biopolítico de manual: segregar y concentrar a diez mil sujetos que no importan –entre ellos, cerca de mil quinientos niños– hasta reproducir la camaradería de *El señor de las moscas*. Un caos que justifica a los ojos de la extrema derecha el mote de «la Jungla» y engrasa las ruedas de las voces que claman por la completa militarización de aquella ciudad portuaria venida a menos. En su «no poder decir», Carrère deja entrever esto:

La Jungla es una pesadilla de miseria e insalubridad, pasan cosas terribles, hay ajustes de cuentas y violaciones; sus habitantes no son todos, ni por asomo, ingenieros tranquilos, esforzados estudiantes y virtuosos perseguidos políticos, pero en ella se observa también algo extraordinariamente admirable: la energía, el ansia de vida que ha empujado a esos hombres y mujeres a un viaje largo, peligroso, heroico, y del que Calais, pese a parecer un callejón sin salida, es solo una etapa.[1]

Supongo que una descripción como esta incomoda a muchas almas nobles y bienintencionadas. Yo agradezco la honestidad desbocada de Carrère, pienso que apelar a la responsabilidad colectiva pasa por deshacernos críticamente de los marcos más simples y paternalistas. Quizá la intención del humanitarismo más caritativo y políticamente correcto sea otra, pero muchas veces termina por hipervulnerabilizar y escamotear cualquier atisbo de agencia política a personas que tienen la fuerza y muy buenas razones para cruzar una frontera, a pesar de todo.

Carrère opta por revelar el punto de vista de los calesianos y plantea una hipótesis bastante psicoanalítica sobre el resentimiento antiinmigrante: quizá los habitantes de la Jungla padecen la precariedad más absoluta, pero «pese a todo» pueden concebir su paso por ese infierno como otro obstáculo a superar

1. Emmanuel Carrère, *Calais*, Barcelona, Anagrama, 2021, p. 48.

para cumplir su objetivo, mientras que un «blanquito» de la «fachosfera» que «siempre ha vivido de subsidios sociales» y que observa su vida estancada sin remedio –Calais tiene uno de los índices de desempleo más altos de Francia– termina descargando su frustración acumulada contra ese chivo expiatorio que tiene el arrojo de cambiar su vida. ¿Será que la saña contra los migrantes se explica porque les hacen ver su propio fracaso y cobardía? ¿Será que Montaigne tenía razón y la cobardía es la madre de la crueldad?

No se trata de caer en la vulgaridad de comparar tragedias para sentirse culpable o afortunado de que alguien la esté pasando mucho peor. Tampoco de infantilizar a quien se mira con una superioridad inconfesable. La responsabilidad política consiste en comprender el lugar que ocupan los migrantes y refugiados en el entramado que somos. Eso incluye aproximarnos y tratar de explicar la ira y el recelo de los que descargan su frustración sobre ese chivo expiatorio.

Quizá, si dejamos de buscar la víctima perfecta, podamos prestar más atención a las raíces de la precariedad social y de la falta de expectativas de los desclasados, esos que antes votaban por la izquierda y ahora lo hacen por Le Pen o Trump. Y quizá, entonces, ese contrasentido deje de escandalizarnos y podamos empezar a imaginar cómo transitar del malestar hacia una solidaridad que impulse a la acción política, sin la necesidad de perseguir tormentas y palmaditas en la espalda. Ayudar porque forman parte del tejido que somos, sin más. Lo expresa mejor Leslie Jamison:

> Hay quien necesita ayuda porque la necesita y punto, no porque su historia sea conmovedora o lo bastante insólita para justificar la generosidad ajena, y entonces hacemos lo que podemos, así de simple. Eso no nos convierte en mejores personas, ni peores. No nos cambia en absoluto, salvo cuando imaginamos, por un instante, el día en que seremos nosotros los que tengamos que pedir ayuda.[1]

Sorprende hasta qué punto la fraternidad ha sido eclipsada por la libertad y la igualdad como valores democráticos. Hoy en día, apelar a ella suena ingenuo, cursi o intempestivo. Así nos va. Creo que imaginar una comunidad que asuma la interdependencia y juzgue intolerable la violencia con que se somete a los cuerpos migrantes tiene como condición de posibilidad rescatar del olvido ese tercer valor republicano. El único, por cierto, que es un afecto.[2]

Pero más que administrar y exorcizar la culpa, habría que partir de nuestra propia fragilidad y contradicción. Apelar a lo íntimo, a la resistencia del propio cuerpo. Aquí brilla el talento de Carrère. Poco tiempo después de escribir su reportaje sobre Calais, se encerró unas semanas en un campamento de

---

1. Leslie Jamison, *Gritar, arder, sofocar las llamas: ensayos sobre la verdad y el dolor,* Barcelona, Anagrama, 2024, p. 81.
2. Antoni Domènech, *El eclipse de la fraternidad: una revisión republicana de la tradición socialista*, Madrid, Akal, 2019.

yoga. Entre otras cosas, pretendía domar un ego despótico a través de la meditación. Tenía una habitación propia y el desayuno incluido. Guardaba silencio en compañía. Cada día se levantaba de madrugada para despegarse un poco de eso que llamamos «yo» y ahuyentar las molestas fluctuaciones mentales que lo invadían. Pero la experiencia estaba destinada al fracaso: no dejaba de ser un escritor que vivía de sus textos autobiográficos, y ni siquiera ahí alcanzó una paz mental que le permitiera dejar de pensar en frases y momentos que usar después en ese libro que tituló *Yoga*.

Aunque Carrère nunca cita a Spinoza, algo de su experiencia con la meditación me lo recuerda. Lejos del dualismo cartesiano que privilegia el lugar de la mente sobre el cuerpo, la *Ética* de Spinoza intenta demostrar que no son entidades separadas y pone en marcha un minucioso análisis de los afectos. No es que imagine a Spinoza junto a Carrère, desayunando papaya para romper el ayuno, pero tampoco me parece extraño que últimamente se ligue la obra de ese filósofo a viejas sabidurías de China e India, en las que mente y cuerpo constituyen una sola y misma cosa.[1]

Algo me recuerda a Spinoza cuando leo decir a Carrère que, más allá de algunos vagos conocimientos anatómicos, no sabemos prácticamente nada del propio cuerpo. Hacer yoga le permite aprender a

1. Véase Gilles Deleuze, *Spinoza*, Barcelona, Tusquets, 2009, p. 28; Frédéric Lenoir, *El milagro Spinoza*, Barcelona, Planeta, 2019, p. 100.

«llenarlo de conciencia» y prestar atención a la «rebeldía» y «aversión» que transmite el cuerpo cuando protesta.[1] Sentado en su cojín, Carrère invierte el orden clásico: primero observa su respiración, luego sus sensaciones y, finalmente, sus pensamientos. Una y otra vez habla del rigor de la postura yogui: algunos días se trata de un dolor placentero, otras veces resulta insostenible porque el cuerpo entero se resiste a la inmovilidad. El escritor intenta convencernos de que no moverse implica un esfuerzo considerable.

A esta altura del relato, es difícil no mirar con suspicacia la contradicción de un escritor que, tiempo después de pasar de puntillas por la Jungla de Calais, decide soltar una buena pasta para vivir encerrado entre naturaleza y gente extraña. Más aún cuando le escuchamos decir que ese campamento intensivo de yoga es como «la cárcel para un preso» o «el cercado para un búfalo».[2] Sin embargo, hay algo en la forma en que expone su propia vergüenza y vulnerabilidad –empezando por la tremenda hostilidad consigo mismo– que impide tacharlo de idiota o cínico.

No revelaré cómo descubre Carrère que está donde no debería estar ni cómo termina internado en un hospital psiquiátrico durante meses. Me detengo, simplemente, en cómo ese escritor con «un talento excepcional para convertir en un infierno una vida que lo posee todo para ser dichosa» recibe el alta mé-

---

1. Emmanuel Carrère, *Yoga*, Barcelona, Anagrama, 2024, p. 50.
2. *Ibid*., p. 102.

dica y termina instalándose en la isla griega de Leros durante la crisis de refugiados. Ese hombre atormentado e inestable toma ese incidente como una oportunidad para «escapar de sí mismo» y transformar ese «librito sutil y risueño sobre el yoga» en una historia que importa.

Los cuerpos que protestan

Puerto de Leros, exterior, día. Emmanuel Carrère se encuentra con una voluntaria estadounidense que ha organizado un taller de escritura para chicos migrantes. Ese mismo día conoce también a Hamid, Atiq, Mohamed y Hassan, el grupo de «menores no acompañados» que se comportan como una familia desde que se conocieron en el campamento de refugiados de Moria.

Aquella iniciativa deviene en una terapia salvaje y termina mal. El Carrère que deja el guion del tallerista se relaciona con los chicos con menos culpa y paternalismo. Practican taichí y se ríen con ganas. Comprueba que conducen la motocicleta bastante mejor que él. Le preguntan sobre su familia y ellos le hablan de la suya. Descubre que Atiq y compañía narraban su desasosiego y sus esperanzas en Instagram, antes de que a la altruista improvisada se le ocurriera pedírselo.

A esta altura de *Yoga*, Carrère ha dejado de repetirse que «no es un buen hombre» o que «le gustaría serlo», para concentrar su atención en el deseo y el esfuerzo por perseverar de los niños migrantes. Escucha la historia de su desplazamiento de viva voz y les confiesa que, tarde o temprano, escribirá sobre su vida. Así nos aproxima a lo intolerable del traslado –la pérdida, la violencia, el abandono– sin el patetismo de quien revictimiza a los chicos o se autoflagela para redimirse.

Experimentar la potencia ética de lo intolerable no radica en cotejar desgracias en un círculo y relamerse las heridas. Judith Butler acierta al afirmar que «la tarea no es juntar a las criaturas vulnerables» ni retratar a hombres y mujeres de tal forma que se les identifique, casi exclusivamente, con una fragilidad patente y abrumadora. En el caso de los migrantes, los marcos paternalistas acostumbran a pasar por alto que esa vulnerabilidad suele aparecer acompañada de actos de resistencia en los que se despliegan afectos comunes como la solidaridad y la indignación. Por eso hablar de «vulnerabilidad combativa» no es un oxímoron; al contrario, ambas se presentan juntas en demandas políticas como el derecho de asilo, la libertad de movimiento o la abolición de los campos de refugiados.[1]

Nada como las historias narradas por los propios migrantes para despedazar esa concepción de vulnerabilidad impotente y lastimosa que les atribuimos. No solo porque en ellos laten resistencia, esperanza y sentido del humor, sino porque denotan el

1. Judith Butler, *La fuerza de la no violencia,* Ciudad de México, Paidós, 2021, pp. 181-189.

deseo y la capacidad para empezar junto a otros algo nuevo por completo: el corazón de la acción política en términos de Hannah Arendt. Quizá deberíamos restar espectacularidad al drama migratorio y prestar más atención a la voluntad de los hombres y mujeres migrantes a la hora de nombrar por sí mismos la violencia de la que son objeto. Reconocer su capacidad para formar redes de solidaridad y rehacer su vida, sin infantilizarlos.

Sobran testimonios e historias que demuestran la agencia política de los propios migrantes. Pienso, por ejemplo, en Parvin, una chica iraní que intentó seis veces cruzar la frontera de Grecia para solicitar asilo en la Unión Europea. Se arrojó una y otra vez al río Evros sin saber nadar, pero no se le permitía acceder a los procedimientos de asilo y era nuevamente detenida, golpeada y devuelta a Turquía. Hoy día, las autoridades griegas siguen negando este caso irregular y se resisten a investigar los actos de violencia cometidos por hombres enmascarados.

Pese a la vigilancia y el cerco, Parvin se las arregló para registrar su brutal experiencia migratoria en fotografías y videos. Las imágenes que produce son fragmentos imperfectos, apresurados, obtenidos clandestinamente. Esa joven se coloca ante la cámara y nos mira de frente: «quiero contar mi historia porque quiero justicia, quiero que se reconozcan mis derechos humanos y quiero que este sistema cambie».[1] Las

1. https://forensic-architecture.org/investigation/pushbacks-across-the-evros-meric-river-the-case-of-parvin

fuerzas griegas le arrojaron gas lacrimógeno. La esposaron, encerraron y torturaron en celdas inmundas y en contenedores de carga. Allí permaneció hacinada junto a otros migrantes –entre ellos niños y mujeres embarazadas–, sin baño, sin alimentos y casi sin aire.[1]

Tras ponerse en contacto con Forensic Architecture, una agencia compuesta por arquitectos, cineastas, periodistas, científicos, artistas y abogados –que haría levantar de sus asientos a Foucault y al GIP–, su testimonio fue verificado y recreado mediante un *software*. Esta agencia especializada en visibilizar la violencia estatal logró reconstruir, a partir de los videos, mensajes de chat y fotografías tomadas en su móvil, unos espacios carcelarios inaceptables que están vedados al ojo público.

Pienso también en el modo en que la cineasta siria Amel Alzakout, una superviviente del naufragio grabado por Richard Mosse desde Lesbos, logró documentar aquella tragedia con la cámara a prueba de agua que llevaba sujeta a la muñeca. La perspectiva de la toma subjetiva resulta estremecedora: el bote empieza a hundirse y se oyen gritos, silbatos. La desesperación de hombres y mujeres que caen al agua. Experimentamos el mareo de quien queda sometido al vaivén de las olas. No hay norte. Los barcos de la guardia costera que llegan hasta ellos quedan demasiado altos; están claramente diseñados para vigilar y perseguir invasores, no para rescatar con vida a náufragos.

1. https://forensic-architecture.org/investigation/pushbacks-across-the-evros-meric-river-the-case-of-parvin

Alzakout flota y espera. Cuatro horas. Lucha por salir viva. Encima de su cabeza sobrevuela un helicóptero que, lejos de ayudarlos, incrementa la violencia de las olas. Pero ella no deja de grabar ni de hablarle a la cámara, y así escuchamos su grito: «Veo una luz roja dentro del helicóptero. / ¿Nos están grabando? / ¿Dónde terminarán las imágenes? / ¿En youtube (sic)? / ¿O en televisión? / ¿En una noticia normal o de última hora? / ¿Cómo nos llamarán? / ¿Refugiados? / ¿Delincuentes? / ¿Víctimas? / ¿O simples números? / ¡Que os jodan a todos!».[1]

Es difícil no sentirse interpelado ante un grito como ese. Desde la perspectiva situada de esa náufraga, el vértigo de lo intolerable nos atraviesa al ver hasta qué punto la política de la espera hacia los cuerpos migrantes se materializa en el *dejar morir* biopolítico. Aquellas imágenes, además de dar forma a la película *Purple sea,* de Alzakout, también permitieron a Forensic Architecture reunir las evidencias necesarias para probar –junto a las imágenes tomadas por periodistas, activistas y la cámara térmica del propio Richard Mosse– la incompetencia y la omisión deliberada de rescate por parte de las autoridades griegas aquel día. Al final, fueron pescadores y voluntarios quienes lograron aproximarse y auxiliar a los migrantes.[2]

Hoy, el Gobierno ultraderechista de Giorgia Me-

1. https://lightdox.com/purple-sea/; https://anthrosource.on linelibrary.wiley.com/doi/full/10.1111/var.70011
2. https://forensic-architecture.org/investigation/shipwreck-at-the-threshold-of-europe

loni espía teléfonos móviles y lleva a juicio a las ONG que reciben donaciones para rescatar migrantes en el Mediterráneo. Lo hace porque esos colectivos están recopilando testimonios y pruebas de cómo Italia financia a las milicias que componen la guardia costera libia –país con el que tiene un acuerdo– con el fin de capturar y enviar de vuelta a migrantes a centros de detención denunciados por tortura y otras violaciones de los derechos humanos.[1]

Casos como el de Parvin o Alzakout ponen de manifiesto que la vulnerabilidad de los migrantes, por más extrema que sea, no está desprovista de agencia y combatividad. Las imágenes que arrancan nos revelan la capacidad de los migrantes para generar un registro testimonial y establecer alianzas estratégicas que les permiten visibilizar la violencia y las violaciones de los derechos humanos de los que son objeto. Estamos frente a prácticas de resistencia estético-políticas que involucran a los propios migrantes para hacer frente a un marco de corte biopolítico, profundamente racista, que los sobreexpone a la muerte y los convierte de facto en seres prescindibles o sacrificables.

No se trata únicamente de acciones o hazañas individuales; son incontables las prácticas colectivas de resistencia que han escenificado los migrantes y refugiados en tiempos recientes con el fin de

---

1. https://elpais.com/internacional/2025-06-30/italia-redobla-su-ofensiva-contra-las-ong-de-rescate-de-migrantes-juicios-espionaje-y-una-vuelta-al-mundo-en-viajes-absurdos.html

denunciar el abuso o la pasividad de las autoridades respecto de su situación. Y digo «escenificar», porque muchas tienen en común cierta performatividad en la manera en que exponen e involucran sus cuerpos al exigir sus demandas. Ahí están los migrantes que han realizado huelgas de hambre o que se han cosido los labios para denunciar la falta de voz y el silencio administrativo que pospone sus peticiones de asilo hasta el infinito.

La reunión de los cuerpos ha devenido en una estrategia tanto de protesta como de cruce de fronteras. Pienso en los cientos de migrantes que bajaron de un bosque marroquí y abalanzaron sus cuerpos sobre las rejas de un paso fronterizo en Melilla. Y pienso, sobre todo, en ese 12 de octubre de 2018 en el que cerca de doscientas personas salieron caminando de la estación de autobuses de San Pedro Sula, en Honduras, rumbo al norte. Más de la mitad eran niños, mujeres, abuelos. Ante nuestros ojos se estaba gestando un acto de desobediencia política que no deja de sorprender por su fuerza y por su sencillez. Cansados de dividirse, pagar a traficantes y arriesgar la vida en rutas inhóspitas y peligrosas, esas familias se autoprotegieron juntando sus cuerpos para caminar rumbo a los Estados Unidos bajo un mismo compás. Súbitamente, los invisibles hacían su aparición en el espacio público. Su cobijo ya no era la noche: apostaban por la visibilidad total. Mostraban sus rostros firmes y hartos a plena luz del día.

Nadie pudo prever lo que pasaría. Miles de personas fueron sumándose a la Caravana. Corrían juntos el riesgo de ser detenidos, golpeados o deportados al intentar cruzar a pie las fronteras de Guatemala y México. Las autoridades carecían de respuesta frente a un éxodo así de masivo, ecléctico y performático. Y resultaba irónico ver cómo los teleobjetivos, cámaras térmicas y otros sofisticados mecanismos de control y vigilancia resultaban totalmente absurdos e inútiles ante aquellos miles de niños, mujeres y hombres que caminaban lenta y descaradamente hacia ellos. Aquella primera Caravana migrante logró cruzar México pacíficamente y llegar a las puertas de los Estados Unidos, como era su objetivo. El resto es historia.

La exhibición de la crueldad

Traducción e interferencia

Un niño de diez años camina solo por el desierto de Texas. La capucha de su chamarra le cubre la cabeza. No lleva mochila. No lleva agua. Tampoco tiene un rumbo determinado, pero avanza. Son cuatro horas las que lleva caminando desde que despertó. Busca encontrar a alguien en ese horizonte despoblado. Finalmente, observa una camioneta blanca aproximarse y detenerse ante él. Con voz entrecortada y los brazos cruzados, como abrazándose a sí mismo, el niño le pregunta al agente que baja del vehículo, sin dejar de grabarlo:

Niño: ¿Usted me puede ayudar?

Agente: ¿Qué pasó?

N: Es que yo venía con un grupo de personas y me dejaron botado y no sé dónde están.

A: ¿Te dejaron solo?, ¿no vienes con mami, con papi o con nadie?

N: Nadie, yo venía en un grupo… y al final vine aquí a pedir auxilio.

A: ¿Te dijeron que vinieras a pedir auxilio?

N: No, yo vengo porque si no, ¿dónde voy a ir a pedir ayuda?

Hace tiempo que no puedo sacarme esta imagen intolerable de la cabeza. Desolación. Vergüenza. Repulsa. Algo en la vulnerabilidad extrema de aquel niño nicaragüense resume la degradación ética y política de nuestra época. No lo llamaremos una desventura ni una tragedia. No puede serlo porque constituye, más bien, una constante, un patrón. Se acumulan los datos escandalosos. Según informes de Unicef, alrededor de treinta y tres millones de niños han cruzado fronteras como la de México y los Estados Unidos desde 2015. Esos desplazamientos son tan extensos y recurrentes que, hoy en día, más de la mitad de los refugiados en el mundo son menores de dieciocho años.

No es posible traducir la orfandad y el dolor a un lenguaje numérico. Las cifras y gráficas que representan esta crisis migratoria no logran responder a las preguntas que nos asaltan al ver a un niño atravesando solo el desierto. Lo que sí sabemos es que el agente trasladó a ese chico nicaragüense al Centro de Detención para Migrantes de Donna, Texas. Unas semanas antes de ese «rescate», producido a principios de abril de 2021, se filtraron varias fotografías de ese mismo centro que indignaron a la opinión pública. En las imágenes se observaban decenas de niños durmiendo hacinados en el suelo, en condiciones carcelarias. La forma en que estaban separados, por unas cortinas de plástico, producía un efecto particularmente distópico. Una postal cruda del modo en que se cerca a los niños migrantes como si se tratara de agentes contaminantes.

No era la primera vez que veíamos una vejación así. Tras asumir su primer mandato, Donald Trump puso en marcha una «política de tolerancia cero» con migrantes y refugiados. A partir de ese momento, fuimos testigos de cómo se intensificó la militarización de la frontera con México y cómo se fue ampliando el negocio privado de la industria penitenciaria, hasta alcanzar incluso a la infancia. Resulta difícil olvidar el llanto y los gritos de montones de niños centroamericanos que habían sido separados de sus padres y luego encerrados en jaulas. Los periodistas que lograron obtener las imágenes de aquellas instalaciones de Texas las describieron como «perreras».

La cuestión es que, más allá del terror y de los gritos, ignoramos lo que pasó por la mente de esos niños encerrados. Quizá eso explique que, en años recientes, una serie de escritores y periodistas se hayan volcado en entrevistarlos con el fin de narrar sus vivencias. Siguiendo los pasos de John Berger, han asumido la necesidad de revelar la causa de su partida, el trauma de cruzar la frontera, las condiciones de su encierro o el peso de la angustia y la incertidumbre. Cinco décadas después de *Un séptimo hombre*, los protagonistas de las contranarrativas son niños cruzando mares y desiertos, niños aprisionados en campamentos y centros de detención, niños atrapados por la burocracia.

Pienso en cómo la escritora Valeria Luiselli comenzó a trabajar como intérprete en la Corte Federal de Inmigración de Nueva York, en 2015. La crisis de los niños migrantes se hallaba en pleno apogeo y ella quiso colaborar con un grupo de abogados que acompañaba a los menores durante el proceso de solicitud de asilo en los Estados Unidos. La posibilidad de evitar la deportación dependía, en un primer momento, de sus respuestas a un cuestionario de cuarenta preguntas. Fue así como esa escritora entrevistó a decenas de niños que también habían cruzado solos la frontera hasta ser interceptados por una camioneta de la patrulla fronteriza: «¿Por qué viniste a los EE. UU.?» «¿Cómo llegaste hasta aquí?» «¿Alguien te ha lastimado, amenazado o asustado desde que llegaste a los EE. UU.?» «¿Cómo te sientes en el lugar en el que estás viviendo ahora?» «¿Estás feliz aquí?» «¿Te sientes seguro?» (...)

Fue así como la escritora oyó hablar del frío, de los abusos psicológicos que sufrieron en las hieleras –como se llama a los centros de detención de migrantes– y de cómo llevaban, cosido a la ropa, el número de teléfono de sus familiares. No era fácil traducir lo que narraban. Parte de la inmadurez de los chicos se revelaba en la dificultad que tenían para hilar un relato coherente de una experiencia traumática. Sus testimonios solían llegar «todos revueltos», se trataba de «historias de vida tan devastadas y rotas que a veces resulta imposible imponerles un orden narrativo».[1]

Luiselli no podía inventar ni manipular lo que escuchaba, pero sí prestar atención a los detalles que contaban los niños y tratar de encontrar las palabras más justas para dar cuerpo a su historia. El objetivo era que, en sus relatos, los abogados pudieran reconocer la posibilidad de armar un caso sólido con el que impedir una orden de deportación. De alguna forma, la escritora volvió el cuestionario gubernamental contra sí mismo y usó toda la potencia del lenguaje para incidir en el destino de esos niños en los Estados Unidos. Tras esa experiencia como traductora, Luiselli escribió el ensayo *Los niños perdidos* y una novela hermana, en la que ya no tuvo que rendir cuentas a nadie ni nada más que a la «combinación de rabia y claridad» que la impulsó a contar una historia que importa.

No es el único caso en que un ejercicio de traducción y activismo promigrante deriva en literatura. El periodista vasco Amets Arzallus entrevistó a Ibrahima Balde, un muchacho guineano, para ayudarle a crear un dossier con el que organizar y contar mejor su historia ante el departamento de policía que tramita las solicitudes de asilo en España. Aquellas reuniones se multiplicaron cuando Arzallus observó el talento narrativo del joven. Con una extraordinaria capacidad, el muchacho relató cómo se había visto

1. Valeria Luiselli, *Los niños perdidos*, Ciudad de México, Sexto Piso, 2021, pp. 15-16.

forzado a dejar su país y a atravesar varias fronteras para buscar a su hermano pequeño, un niño que se había marchado de su casa con la intención de llegar a Europa.

El periodista procura desaparecer del relato y verter al euskera aquel testimonio con la misma oralidad, sintaxis y particular lógica y poética con las que Ibrahima entretejía su historia personal. Ese esfuerzo ético y estético por traducir las consecuencias físicas y psicológicas de su travesía se materializó en *Hermanito/Miñan*, un libro que firmaron juntos y que salió publicado quince días después de que la administración española notificara a Balde la denegación de su petición de asilo. Pronto, ese chico «sin papeles» vio cómo su experiencia de vida se traducía a diez idiomas y se convertía en una especie de libro de texto, con miles de ejemplares vendidos y repartidos por escuelas de toda España.

Decirlo solo

Uno sospecha que no tardará mucho tiempo en aparecer un testimonio escrito –esta vez sin necesidad de traductores o intérpretes– por alguno de los niños que fueron separados de sus padres y encerrados en jaulas por la Administración de Donald Trump. No será bonito. Se calcula que permanecen en paradero desconocido alrededor del treinta por ciento de los más de cuatro mil seiscientos niños arrancados a sus padres durante el primer mandato de Trump, sin documentos ni registros que permitan identificarlos.[1] Quizá el libro empiece algo así:

> Estoy en un zoológico. En una jaula. Soy un mono a la par de otros veintiún monos; al menos veintiuno. Todos tienen cara de pocos amigos. Nadie sonríe. Cuando entra alguien más, somos más de veintiún monos. Algunos se van.[2]

Estas líneas forman parte de *Solito*, el libro autobiográfico en el que Javier Zamora describe la experiencia migratoria que vivió cuando tenía nueve años. Salió de El Salvador, después de pagarle a un coyote para que lo ayudara a cruzar la frontera clandestinamente junto a un grupo de hombres y mujeres desconocidos. El propósito era poder reunirse con sus padres en Arizona. El niño deambuló por carreteras, ríos y desiertos de tres países distintos, huyendo de la miseria y la violencia acumuladas tras una guerra civil financiada por el Gobierno de los Estados Unidos.

Eran los años noventa. Otra vez, todo tiene un aire *vintage*: de alguna forma, los riesgos y contratiempos que relata Zamora parecen casi escandinavos, si se los compara con los que hoy en día enfrentan los migrantes que intentan cruzar México. A la violencia de los grupos criminales y a la extorsión de

1. https://english.elpais.com/usa/2025-03-18/baby-prisons-trump-administration-is-once-again-detaining-migrant-families-with-children.html

2. Javier Zamora, *Solito*, Barcelona, Random House, 2024, p. 298.

las fuerzas policiales se ha sumado la creciente militarización de la frontera sur, impulsada directamente por la presión de los gobiernos estadounidenses; no hay que olvidar que, antes de Trump, la Administración de Obama deportó a más personas migrantes que cualquier otro Gobierno en la historia del país.

Las condiciones de los centros de detención en México suelen ser humillantes. El hacinamiento, la escasez y la interminable espera burocrática son parte esencial de una política orientada a disuadir y obstaculizar su paso. Es imposible olvidar, por ejemplo, la muerte de cuarenta migrantes en un centro de detención en Ciudad Juárez; un grupo prendió fuego a unas colchonetas para protestar por las condiciones de su arresto y la deportación inminente, y el incendio se descontroló en cuestión de minutos. Las imágenes de los guardias ignorando los gritos y saliendo apresuradamente de ahí sin abrir los candados resultan insoportables. Uno tiende a coincidir con Achille Mbembe: hace tiempo que la biopolítica ha mutado en necropolítica, el poder de decidir qué vidas son prescindibles y pueden morir sin lamento.

No pretendo contar el meollo de *Solito*; es evidente que el pequeño Javier logra cruzar la frontera norte y rehacer su vida. Pero a aquel niño no le resultó fácil sacudirse el temor, el desasosiego ni la fragilidad que experimentó durante el traslado. Años después, recibió terapia psicológica, se aficionó a la poesía y ganó una beca de escritura en una universidad de la Ivy League. De alguna forma, logró reunir la fuerza y las herramientas necesarias para organizar el relato de su vida y describir por sí mismo la angustia, el cansancio, las interminables horas de espera. Pero también para transmitir la ilusión y la esperanza del viaje; los paisajes extraordinarios y la forma en que lo cuidaron algunos migrantes del grupo con el que viajaba. Mujeres y hombres a quienes debe la vida y a quienes nunca volvió a ver.

El impulso y el tono narrativo de *Solito* se desmarcan de las perspectivas que hipervulnerabilizan a los migrantes. No tenemos delante a una víctima perpetua, sino a un muchacho que crece y desarrolla la capacidad de apropiarse de su propia historia para luego contarla con las armas de la literatura. Sin filtros ni mediadores. Todo ello constituye un verdadero acto de subjetivación política. Si algo nos enseñaron las encuestas sobre lo intolerable del GIP, fue la importancia de que los afectados puedan hablar en nombre propio. Esa certeza podemos ampliarla, sin duda, a los niños presos en la actual ola neofascista.

No es una *boutade* insistir en la relación entre literatura y política cuando se criminaliza y humilla a los migrantes. Empezando por las prácticas narrativas que tienen como fin que esos niños hablen por cuenta propia. Desespera comprobar que, desde Platón, han sido precisamente los autoritarios quienes mejor han comprendido el poder que conlleva narrar y representar una historia trágica. De ahí que, hasta la fecha, esos regímenes destierren, censuren o asesinen a quienes escriben para sacar a la luz lo intolerable.

Uno se pregunta cuándo empezaremos a prestar atención a los afectos comunes que despiertan ciertas narraciones con una perspectiva crítica o emancipatoria. Como insiste Jacques Rancière –colega de Foucault en la Universidad de Vincennes–, la política de la literatura va más allá del compromiso personal de los escritores en los asuntos sociales o de cómo sus libros reflejan las tensiones de su tiempo. Para Rancière, la política es, antes que nada, una configuración de percepciones; una forma de estructurar y de repartir lo sensible, lo visible y lo decible. La literatura hace política como literatura cuando entra en disputa con esa estructura que impide que ciertas cosas aparezcan ante nosotros y nos afecten, cuando impide que ciertos sujetos puedan nombrarlas por sí mismos y hablar sobre ellas.[1]

Toda comunidad política es también una comunidad de afectos. Recomponer el tejido social desgarrado por la deriva autoritaria pasa por hacer ver y por sentir juntos de otra manera. Las contranarrativas, en cuanto prácticas y formas de acción, dan lugar a lo que ha sido negado o excluido dentro de un determinado régimen de visibilidad y sensibilidad. Esta capacidad para redistribuir lo que vemos y lo que sentimos importa mientras existan vidas sin voz –no es banal que *infancia* provenga del latín *infans,* que significa «el que no habla»– dentro del cuerpo social. La política de la literatura no guarda relación con el pan-

1. Jacques Rancière, *Disenso*, Ciudad de México, FCE, 2019, p. 195.

fleto ni con la pedagogía cursilona, sino con conseguir «que aquello que se consideraba como simple ruido de cuerpos sufrientes se escuche como un discurso sobre el común de la comunidad».[1]

La nueva brutalidad

Un hombre es arrastrado desnudo por una carreta. Al llegar a la plaza pública, lo levantan. Atenazan sus brazos, muslos, piernas y pezones. Sobre esas partes de su cuerpo, se vierte plomo derretido, aceite hirviendo, resina y azufre fundidos. A continuación, el cuerpo es estirado por cuatro caballos que jalan de sus extremidades hasta desmembrarlo. La operación resulta lenta porque los animales no están acostumbrados a tirar. Es necesario traer un par más y ayudarles, cortando nervios y coyunturas a golpe de hacha. Finalmente, el tronco y los miembros del hombre son arrojados al fuego y sus cenizas, esparcidas al viento.

Sorprende que Foucault decidiera empezar *Vigilar y castigar* –esa obra maestra escrita tras su experiencia en el GIP– con el relato de una violencia tan explícita. No hay introducción ni preámbulo. El libro, que tiene como subtítulo *El nacimiento de la prisión*, nos somete desde sus primeras líneas a una sensación insoportable. Se trata de una verdadera declaración de intenciones. El autor es consciente

1. *Ibid.*, p. 180.

de que situar el cuerpo en el centro del análisis del poder implica afectarnos hasta sentir náusea y repulsión. Parte importante de la argumentación consiste en lograr que el suplicio de los cuerpos resuene en nosotros.

El recorrido histórico que realiza Foucault, a partir del tormento de Damiens, es conocido. El suplicio es una técnica, un arte que solo cobra sentido al ser visto. Es preciso que la gente atestigüe con sus propios ojos el espectáculo del poder aplastando con toda su fuerza al condenado. El verdugo no es un salvaje improvisado, sino un especialista en infligir dolor: un técnico, alguien que conoce los umbrales. Producir una agonía de este tipo forma parte de una ceremonia punitiva destinada a aterrorizar y alargar el sufrimiento. Mostrar lo cruento tiene una función ejemplar: no se trata únicamente de cobrar venganza, sino de establecer un precedente. Disuadir futuras ofensas. De ahí que el poder se manifieste inclemente con esos cuerpos exhibidos, maltratados incluso después de muertos.

Foucault explica que el ritual funcionó mientras los testigos se sintieron fascinados por la crueldad. Sin embargo, hubo un momento, que ubica en la segunda mitad del siglo XVIII, en que la gente empezó a juzgar excesivo el espectáculo punitivo y comenzó a solidarizarse con los condenados. El tipo de delitos, además, había cambiado. Al dejar de ser efectiva, el poder abandonó esa liturgia para transitar hacia un castigo más discreto: un castigo fuera del ojo público. El objetivo ya no era tanto escarmentar el cuerpo, sino la psique. Fue entonces cuando la prisión se consolidó como el corazón de una penalidad basada en la detención. El castigo debía privar de la libertad a los detenidos, ejercer sobre ellos un poder despótico. Nada más lejos de su intención que revelar espacios y prácticas inhumanas. Desde entonces, no ha sido fácil penetrar sus muros y conocer el funcionamiento de esas «cajas negras» del poder.

Vigilar y castigar se publicó en 1975, pocos años después de que Foucault repartiera sus encuestas sobre lo intolerable en las puertas de las cárceles francesas junto a otros miembros del GIP. Quizá me repita, pero es difícil no pensar en ese libro que pretendía «hacer la historia del tiempo presente» cuando atestiguamos el acorralamiento político que la segunda Administración de Donald Trump despliega sobre los cuerpos migrantes y los estudiantes universitarios críticos. En la actualidad, son los campamentos y centros de detención de migrantes, descaradamente gestionados bajo el modelo carcelario, los lugares donde el poder se muestra desnudo. Sin contemplaciones.

Ahora son los periodistas de investigación los que salen a recabar el testimonio de los migrantes presos y de sus familiares para revelar cómo son los edificios, las celdas, la comida, la higiene y el trato de los vigilantes. Muchas veces, de hecho, son los propios detenidos quienes se las arreglan para narrar los abusos y las malas condiciones de su encierro. Así nos enteramos, por ejemplo, de que en Delaney Hall un migrante puede pasar más de veinte horas sin recibir comida o de que la sobrepoblación en Baker hace que los migrantes duerman «fuera de celdas, sin derecho a privacidad, a bañarse ni a satisfacer necesidades básicas», de cómo son golpeados por los guardias o de cómo se les obliga a comer «como un pollo».[1]

A lo largo de su segunda campaña, Donald Trump no dudó en emplear la retórica hitleriana al culpar a los inmigrantes de estar «envenenando la sangre» de los Estados Unidos. Malos hombres, malos genes. En un debate electoral llegó a afirmar que «se comen a las mascotas». Ya en el poder, ha ordenado denegar visas a quienes padecen enfermedades metabólicas, neurológicas o trastornos mentales que supongan una «carga pública».[2] Esa forma de enmarcar los cuerpos migrantes como un peligro biológico –fuente de contaminación o degeneración para el cuerpo nativo– evidencia cómo el biopoder inscribe y normaliza el racismo de Estado bajo la presente ola neofascista.

Nada de este corte que separa a los normales de los salvajes/anormales es gratuito. La beligerancia

1. https://elpais.com/us/migracion/2025-06-13/intento-de-motin-en-delaney-hall-inmigrantes-encarcelados-en-el-centro-de-detencion-protestan-por-la-falta-de-comida.html; https://www.nytimes.com/es/interactive/2025/06/10/espanol/estados-unidos/venezuela-deportaciones-trump.html?campaign_id=42&emc=edit_bn_20250620&instance_id=156901&nl=el-times&regi_id=186970419&segment_id=200308&user_id=cae38057f93b5b70b7ac19178dcffa68

2. https://elpais.com/us/migracion/2025-11-14/la-administracion-trump-denegara-visas-a-inmigrantes-con-obesidad-diabetes-y-enfermedades-cardiovasculares.html

del discurso antiinmigrante sienta las condiciones para llevar a cabo redadas afuera de las escuelas, los juzgados y los centros comerciales con el fin de encerrarlos bajo condiciones humillantes. Su animalización allana el camino para someterlos y expulsarlos del país sin pruebas de su supuesta criminalidad ni garantías jurídicas.[1]

Definitivamente, algo ha cambiado. Los seres patibularios salen de la sombra. Actúan como si se hubiera levantado el coto de caza. Vemos a poderosos hombres blancos levantando el brazo al estilo nazi. Una vez. Dos veces. No están gesticulando frente al espejo de su casa, mientras pedalean en su bicicleta estática. Lo hacen delante de los medios de comunicación y frente a miles de votantes del Partido Republicano que los vitorean. Aprietan la mandíbula y se regocijan. Saben que su gesto será viral, y también que no tendrá consecuencias. De un tiempo a esta parte, asistimos a una exposición de gestos y prácticas fascistas hasta hace poco inimaginable.

La promesa dirigida a los fanáticos de lo propio ha cambiado: ya no se habla de un muro alto y maravilloso para mantener fuera a los cuerpos infectos, sino de llevar a cabo la deportación masiva más grande de la historia. Se trata de pasar a la ofensiva. Purificar. No es fácil cercar y expulsar, como se propone la Administración de Trump, a un millón de migrantes indocumentados cada año. La forma en

1. https://www.eluniversal.com.mx/nacion/deportaciones-ma sivas-de-trump-preocupan-a-onu-dh/

que se persigue y expulsa a personas por el mero hecho de pertenecer a un colectivo etiquetado como enemigo recuerda a épocas muy oscuras del siglo pasado. Es claro que buena parte de la estrategia neofascista se concentra específicamente en el campo de la percepción: animalizar, denigrar, ampliar el umbral de tolerancia hasta aclimatarnos a lo insoportable.

La nostalgia que mueve a *Make America Great Again* –aparte de haber llevado a resucitar leyes del siglo XVIII que permiten deportar de forma expedita a ciudadanos de un «país agresor»– ha conducido a retomar el castigo-espectáculo y a actualizarlo en plena era del algoritmo. En definitiva, está en marcha una nueva política de la crueldad: ya no basta con criminalizar al migrante, es preciso someterlo y humillarlo a la vista de todos. Se enaltece una violencia desmesurada destinada a entretener y ser emulada sin reparo. Si bien es cierto que el fascismo está ligado a un periodo histórico concreto y se ha sobreutilizado como insulto, todo este despliegue de poder y crueldad hace no solo apropiado, sino necesario retomar el término para nombrar lo que acontece.[1]

Me imagino a Foucault cerrando Twitter (o X) y jalándose el cuello de tortuga al ver reaparecer la vieja tradición del suplicio en las redes sociales, converti-

1. Véase al respecto el llamado de especialistas como Robert Paxton y Jonathan Rauch: https://www.newsweek.com/robert-paxton-trump-fascist-1560652; https://www.theatlantic.com/ideas/2026/01/america-fascism-trump-maga-ice/685751/

das en una plaza de escarnio público. Por todo esto, conviene detenerse aún más en los mecanismos con los que el poder produce y pone en circulación las imágenes del castigo infligido a los cuerpos migrantes. Y es que, para los neofascistas, se trata de convertir la caza, el encierro y la deportación de aquellos que vienen de lejos en un espectáculo punitivo propio del tiempo presente.

POST 1

Cuenta de X de la Casa Blanca. Febrero de 2025. Unos pies encadenados suben lentamente unas escaleras. Oímos el ruido metálico que hacen al moverse y chocar contra los peldaños. Suena también una turbina. La toma se abre y en la pantalla vemos a una agente del ICE esposando a un migrante y, en segundo plano, un avión calentando motores. Otro agente saca unas cadenas largas y brillantes de una caja y las estira sobre el pavimento del aeropuerto. De fondo prosigue el sonido metálico que eriza la piel. Algo en esos grilletes recuerda a los instrumentos de tortura. Acto seguido vemos cómo se los colocan a otros migrantes. No vemos ningún rostro, no hay palabras. El encuadre nos obliga a concentrarnos en los fierros y en los cuerpos. Las tomas son cortas y poco sofisticadas, pero lo que perdurará en nuestra cabeza será el efecto terrorífico que producen esos sonidos y fragmentos visuales.

Todo en ese tuit, que titularon «ASMR: Illegal Alien Deportation Flight», recuerda el gran espectáculo de la cadena que Foucault vinculaba con la antigua tradición de los suplicios públicos. El paseo de los cuerpos condenados ha regresado para deleite del sadismo posmoderno. Pero los tiempos han cambiado y ya no es preciso que los condenados caminen por la calle ante adultos desencajados y niños comiendo manzanas. El mecanismo para cultivar la crueldad y el goce del sufrimiento ajeno es el *reel*: videos cortos y verticales, en secuencias repetidas. Todo a prueba del déficit de atención contemporánea. Mire la pantalla un minuto y medio. Comparta el post con los suyos. Ponga un *like*. Un emoticono. Pase a otra cosa.

La ceremonia punitiva que la Administración de Trump produce y reproduce en redes no cae en lo *snuff*. No muestra sangre, espasmos ni mutilaciones. Se guarda el final, pero se asegura de dar los elementos necesarios para alimentar el miedo y vislumbrar el tormento que les espera a los condenados. Hemos visto esta película antes. Sabemos adónde van; nos lo hacen saber, de hecho. Y es que no tardan en circular imágenes de una decena de migrantes venezolanos subiendo encadenados de pies y manos, con los mismos hierros que antes nos produjeron escalofríos, por la rampa de un avión militar que los llevará a la base naval de Guantánamo. El mismo hoyo negro denunciado por innumerables casos de tortura desde 2002. El mensaje es obvio: hemos pasado del teatro de la guerra contra el terrorismo al de la guerra contra los *Illegal Aliens*. En esta segunda temporada, el enemigo ya está en casa.

POST 2

Cuenta de X de Nayib Bukele. Marzo de 2025. Un avión ha aterrizado en el aeropuerto de El Salvador. Escuchamos el ruido de las turbinas, junto a un efecto de sonido que recuerda a las películas de suspense. Tensión y expectativa. Vemos militares y policías con armas largas por todas partes, junto a unos helicópteros que sobrevuelan la zona. Más de doscientos migrantes deportados de los Estados Unidos descienden por las escaleras del avión, encadenados de pies y manos. Otra vez retumba el ruido metálico de las cadenas al entrechocar. Cada detenido, presunto miembro de una banda criminal, es escoltado por dos agentes que inclinan su nuca hacia abajo con fuerza. No pueden levantar la cabeza, caminan encorvados y aprietan el paso. Pronto los suben a los furgones que los trasladarán a su destino.

La imagen que produce el Gobierno de Bukele, antiguo publicista, es descaradamente cinematográfica. Son decenas de cámaras y drones los que registran el operativo policial. Sonido directo para no perdernos detalle. El espectáculo punitivo levanta aún más el vuelo al cruzar las puertas del Centro de Confinamiento contra el Terrorismo (Cecot). Ahí obligan a los cuerpos condenados a arrodillarse, unos junto a otros, para raparles la cabeza a cero. Vemos caer el cabello al suelo. Las máquinas comienzan la tarea de homogeneizar a los hombres que, luego, serán vestidos con calzoncillos, camisetas y zapatillas de un blanco impecable. Al salir de ese cóctel de bienvenida, los detenidos son prácticamente indistinguibles, intercambiables. No necesitan tatuajes, ya los traen. Es una de las pruebas empleadas para culparlos de ser miembros de una banda criminal.

Toda esa arbitrariedad y parafernalia recuerda a los campos de concentración. La novedad es que no estamos frente a imágenes térmicas, borrosas o apresuradas, arrancadas al infierno en un acto clandestino. Este material ha atravesado un proceso de producción y montaje profesional auspiciado por el perpetrador y está diseñado para ser consumido por millones de personas. Parte de lo que perturba de las imágenes que salen del Cecot es su propia factura: el hecho de que su iluminación y composición sean tan cuidadas. En las fotografías que hemos visto, la distribución y la postura de los cuerpos semidesnudos se muestran de una forma inquietantemente coreográfica. Como si hubieran sido compuestas por un Spencer Tunick macabro. Pero no nos equivoquemos: esto no es arte, sino propaganda de manual. La estetización del Cecot, en realidad, remite a la escuela totalitaria: la forma en que se someten y exponen esos cuerpos dóciles proyecta la fuerza desmedida de un Gobierno que despliega la crueldad y ha declarado el estado de excepción permanente.

POST 3

La secretaria de Seguridad Nacional de los Estados Unidos visitó el Cecot ese mismo marzo de 2025. El video que compartió en su cuenta oficial de X dura treinta y tres segundos y ninguno de ellos tiene desperdicio: son capas y capas de información. Vemos a esa mujer con una gorra policial, una camisa ajustada y un cabello largo y ondulado recién salido de la peluquería. En la mano izquierda lleva un Rolex. Habla a la cámara de frente. Agradece la colaboración del Gobierno de Bukele –por la renta de ese resort penitenciario, básicamente–, y luego amenaza firmemente a los migrantes presentes y futuros: si no abandonan los Estados Unidos, serán perseguidos y arrestados, y podrían acabar en esa tétrica prisión salvadoreña.

Aquí, el fondo importa, literalmente. Y es que un par de metros detrás de la alta funcionaria, aparecen hacinados, dentro de una celda, los hombres rapados a cero que hemos visto antes. Los torsos, desnudos, son morenos y los calzones, blancos. Los más tatuados se encuentran en la primera fila, de pie. En la parte posterior se ven las literas, atiborradas a lo Auschwitz. Todos miran a la cámara sin hablar ni inmutarse. Parecerían esperar a que el técnico que graba la escena grite: «corten». El panóptico penitenciario que analizó Foucault ha mutado: ya no es solo una celda de visibilidad inspirada en la casa de las fieras; es, sobre todo, un plató de televisión. Y cada vez somos más los «observadores anónimos y pasajeros» de esa jaula cruel y sofisticada.

No es fácil procesar este cambio. A principios de milenio salieron a la luz las imágenes de los soldados estadounidenses vejando a los presos iraquíes en la cárcel de Abu Ghraib. Parte de la conmoción pública radicó en que aquellas fotos habían sido tomadas por los soldados mismos mientras sonreían a la cámara. El Gobierno del presidente Bush intentó desligarse por todos los medios de la brutalidad y falta de pudor que mostraban sus chicos. Se habló de maltrato, nunca de tortura. Se cuidó toda filtración que impugnara el relato de su misión civilizatoria. Hoy, la exhibición de la crueldad está institucionalizada. Es un arma política. Sorprende el cinismo con el que circulan esas imágenes atroces desde las cuentas oficiales de funcionarios e instituciones públicas de ese país.

No es fortuito el descaro con el que la Administración de Trump, junto a sus aliados narcisistas, nos permite echar un vistazo a los espacios y procedimientos de esas prisiones que acumulan demandas por violaciones de los derechos humanos. El objetivo evidente es que nos habituemos a la crueldad hasta normalizarla. Ampliar el umbral hasta que nada nos repugne ni resulte intolerable. El perpetrador ya no sonríe a la cámara, sino que más bien se jacta indisimuladamente y nos trolea.

Alligator Alcatraz. Así nombraron al centro de detención para migrantes que construyeron en los humedales de Florida. En el tour por ese parque temático con la prensa, Trump no tuvo reparo en ofrecer un consejo a los presos que trataran de escapar y se toparan con alguno de los caimanes que rodean la prisión: «es mejor no correr recto, sino en zigzag», dijo imitando el movimiento con la gorra de MAGA puesta; así sus probabilidades de salir vivos «aumentan alrededor de un uno por ciento». No duele el chiste, duelen las risas que provocó. Y es que no se equivocaba Freud: un puñado de hombres ambiciosos y embusteros, sin conciencia, no podrían salirse con la suya y desatar esa clase de brutalidad, crueldad y mentiras si no tuvieran millones de seguidores que los han aupado al poder y que comparten su obscenidad.

Pienso asimismo en la chulería y el sadismo de los memes que postea compulsivamente la cuenta de la Casa Blanca: cocodrilos feroces con la gorra del ICE puesta, la caricaturización de una mujer dominicana con sobrepeso que llora tras ser arrestada, un migrante guatemalteco convertido en un muñeco Labubu de edición deportada... Todo como si los administrara un adolescente resentido de extrema derecha. Estos nuevos mecanismos sientan el tono de una política de la crueldad que hace caja con la radicalización de las redes sociales y persigue la viralidad y la polarización a costa de la humillación.[1]

Es evidente que la Administración de Trump busca amedrentar a los migrantes con detenciones ilegales y arbitrarias, pero su objetivo es también aclimatarnos a un autoritarismo cruel y omnipotente. Nos llevamos las manos a la cabeza al ver cómo Trump comparte videos, generados con IA, en los que pilotea un avión militar con su corona puesta para luego echar un montón de mierda sobre los cientos de manifestantes que protestan contra su

---

1. https://www.nytimes.com/2025/07/10/opinion/trolling-democracy.html?smid=nytcore-ios-share&referringSource=articleShare

despotismo en Times Square; o cómo se puede terminar de limpiar étnicamente Gaza hasta convertirla en una Riviera repleta de cócteles sin alcohol.

Esto es lo que el cinismo de las plataformas neofascistas está poniendo en juego mientras abrimos otro yogur. Parece que es tiempo de cambiar de estrategia y contrarrestar estos mecanismos de poder con imaginación moral y política. Se trata, como menciona Rita Segato, de concebir contrapedagogías capaces de rescatar una sensibilidad y unos vínculos que se opongan a la represión y la crueldad del tiempo presente, así como de visualizar caminos alternativos.[1]

No creo que sea banal o ingenuo pensar en detonar narrativas y acciones que movilicen afectos alegres, esperanzadores, comunes. Tomarse el juego en serio sin caer en lo solemne o lo aleccionador. Son muchos los errores y las carencias de la izquierda para asumir una superioridad moral *per se*. Quizá después de ejercer un poco de autocrítica se estará más cerca de hacer valer el sentido del humor como una herramienta poderosa contra los sinvergüenzas. Y desplegarlo hasta provocar que sientan precisamente eso, vergüenza. Hasta la médula.

No todo está perdido. Algo está cambiando cuando una ciudad como Minneapolis se moviliza solidariamente y planta cara a las brutales redadas del ICE. También cuando un joven nacido en Uganda se

---

1. Rita Segato, *Contrapedagogías de la crueldad*, Buenos Aires, Prometeo Libros, 2018, p. 15

ha convertido, contra todo pronóstico, en el primer alcalde socialista y musulmán de Nueva York. Zohran Mamdani ha sabido usar el lenguaje de las redes sociales para proyectar un programa político que, entre otras cosas, dignifica a los trabajadores migrantes y entusiasma a una generación que no quiere vivir peor que sus padres ni ser expulsada de la ciudad en la que nació por la especulación inmobiliaria.[1]

Quién hubiera pensado, hace tan solo unos meses, que un migrante que ha condenado públicamente el genocidio en Gaza pudiera gobernar la ciudad natal de Donald Trump. Es imposible dejar de sonreír al ver cómo Mamdani ha sabido movilizar políticamente el malestar, el sentido del humor y una serie de afectos comunes. También cuando cita la enseñanza de su madre, una reconocida cineasta india, con mucha frecuencia: «Si nosotros no contamos nuestras propias historias, nadie lo hará».[2]

1. https://www.nytimes.com/2025/06/29/nyregion/zohran-mamdani-campaign-videos.html
2. https://elpais.com/ideas/2025-11-16/socialismo-rap-y-descolonizacion-la-forja-intelectual-de-mamdani.html

Lo atroz

La distopía presente

A principios de 2004, Giorgio Agamben decidió cancelar el curso que tenía programado en la Universidad de Nueva York. El Gobierno estadounidense le obligaba a entregar sus huellas digitales para obtener el visado como profesor invitado, y no estaba dispuesto a ser fichado. Calificó su decisión como «necesaria» e «indeclinable», esperando que otros profesores e intelectuales la compartieran. Dejaba claro que no pretendía ahorrarse los procedimientos engorrosos y humillantes a los que tantas personas se ven obligadas para cruzar aquella frontera; más bien le inquietaba la forma en que Estados pretendidamente democráticos utilizaban los dispositivos electrónicos para ampliar la vigilancia tras el 11-S.

El filósofo llamaba a no aceptar ni normalizar prácticas de control que hasta hacía poco se consideraban excepcionales e inhumanas. Advertía que el «tatuaje biopolítico» que los Estados Unidos estaba imponiendo para entrar en su territorio –escaneo de huella y retina, uso de teléfonos celulares y de tarjetas de crédito– tenía una naturaleza expansiva: «La historia nos enseña cómo las prácticas en principio reservadas a los extranjeros terminan pronto por aplicarse al conjunto de los ciudadanos».[1]

Han pasado veinte años desde esa advertencia y el tiempo parece haberle dado la razón: los mecanismos de control y vigilancia empleados por los Estados se han expandido con el avance de las tecnologías de la información. Por aquel entonces, no existía el uso masivo de las redes sociales y los teléfonos inteligentes que hoy resultan claves en el panóptico digital. Nosotros mismos hemos devenido datos. No solo es que dejemos huella *de* y *en* cada movimiento, sino que se puede conocer y modificar nuestra conducta a partir de lo que hemos visto y consumido antes. Algo de la era del algoritmo recuerda al síndrome de Estocolmo: llega el punto en que aparentemente no podemos vivir sin nuestros captores. Posiblemente sea esa dependencia y servidumbre (in)voluntaria lo que haga cada vez más desfachatadas las alianzas que los gobiernos establecen con los oligarcas tecnológicos.

El cerco político de los extranjeros y los estudiantes ha llegado a extremos insospechados con la deriva autoritaria de la Administración Trump. A menudo me descubro pensando en el manifiesto del GIP y en el desplante de Agamben. También en Orwell. En

---

1. https://www.revistaotraparte.com/op/maquinablanda/no-al-tatuaje-biopolitico/

marzo de 2025, circuló un video grabado por una cámara de vigilancia: Rumeysa Ozturk, una alumna turca que cursaba el doctorado sobre infancia y desarrollo humano en la Universidad de Tufts, fue detenida por agentes del ICE mientras caminaba por la calle. La escena parece una película de serie B: un hombre encapuchado y vestido de negro se aproxima a Ozturk y le corta el paso. Ella intenta hablar con él y seguir caminando, pero él no se lo permite. Se oye un grito de pánico cuando el hombre la agarra con fuerza por las muñecas. En cuestión de segundos, la joven se ve rodeada por seis agentes que ocultan sus caras. Le quitan el teléfono móvil y la mochila, la esposan y la sacan fuera de cuadro. Todo sucede a plena luz del día.

Bajo la tiranía del algoritmo y los nuevos autoritarismos, habría que preguntarse a quién conviene que contemplemos una y otra vez, en bucle, esa detención tan similar a un secuestro. Se cuela entre las sugerencias personalizadas; justo en medio de un video que ofrece cursos de cocina para mayores de cuarenta años y los resúmenes del último partido del Barça. Uno se queda con el gol de Pedri, con la versatilidad del boniato y con el arresto de una estudiante de doctorado que investiga la comprensión de conceptos como la vida y la muerte en los niños.

Al igual que Ozturk, son ya varios los estudiantes con visa y situación migratoria en regla que han desaparecido en una de las cajas negras del poder estadounidense para luego ser liberados, todo por el mero hecho de manifestar su solidaridad con Palestina. El mensaje parece claro: cualquiera puede ser el siguiente en ser llevado a un centro de detención migratoria por alzar la voz o suscribir un texto crítico, incluso aunque se publique en una revista que no lee nadie.

A las detenciones policiales en los campus universitarios donde se protestaba contra la guerra de Israel en Gaza –que tanto recordaban a los movimientos estudiantiles del 68 y a las manifestaciones contra la guerra de Vietnam– se ha sumado una política de censura que pretende acallar las voces críticas y estrangular económicamente a las universidades más combativas. No son pocos quienes han borrado de sus redes sociales los posts que podría rastrear el algoritmo y susceptibles de ser considerados motivo de prisión o deportación por parte de la Administración de Trump. Así cultiva la presente ola neofascista el temor y la autocensura.

Un epílogo insoportable

Resulta difícil plantar cara a los mecanismos de un poder que pretende dejar actos execrables sin relato ni condena. A la producción del silencio, instrumentada por Estados supuestamente democráticos, se suma el propio enmudecimiento que provoca atestiguar la violencia abyecta que despliega el ejército israelí en Gaza. Resulta imposible digerir las noticias e imágenes que han llegado de esa franja rodeada de muros de hormigón, alambradas electrificadas y torres de vigilancia –una cárcel a cielo abierto, como tantas veces ha sido descrita–, desde que el Gobierno de Netanyahu decidió responder, con un horror abismal, a las atrocidades cometidas por Hamás el 7 de octubre de 2023.

Tras dos años de iniciada la ofensiva israelí, las cifras redondas y monstruosas se acumulan frente a nosotros con un efecto narcotizante. Entre ellas están la muerte o la mutilación de más de sesenta y cuatro mil niños en Gaza, y el hecho de que cerca de dos millones de personas –más del ochenta y cinco por ciento de la población de la franja– se han visto forzadas a desplazarse y refugiarse en campamentos muy precarios. El promedio resulta macabro: veintiocho niños pierden la vida cada día, y nueve de cada diez habitantes de Gaza han tenido que abandonar sus hogares desde el inicio de los bombardeos.[1]

Por más brutales que sean esta clase de números, no dan cuenta del horror experimentado. La magnitud de la violencia y la crueldad ejercidas contra los niños, mujeres y hombres palestinos exige tomar cierta distancia crítica. Es demasiado cerca, demasiado pronto. En los próximos años nos veremos inundados de libros firmados por especialistas en el conflicto árabe-israelí que tratarán de explicar lo que vimos en términos geopolíticos e históricos, sin obviar las consecuencias de esa larga y sofocante ocupación. Conoceremos más detalles y se ajustarán las cifras. Pero sospecho que nos llevará mucho

---

1. https://www.unicef.es/noticia/gaza-dos-anos-de-una-guerra-cruel-que-ha-destrozado-la-infancia; https://www.bbc.com/mundo/articles/cr4q75Owznro

tiempo comprender el impacto ético y político que supone la destrucción de Gaza. Y con ello no solo me refiero a aquello de lo que fuimos testigos, sino también a lo que preferimos dejar de ver en eso que Francesca Albanese, relatora especial de la ONU para los Territorios Palestinos Ocupados, ha calificado como «el primer genocidio de la historia mostrado en tiempo real por sus víctimas».[1]

Esta vez nadie podrá decir que no sabía. Fueron los propios periodistas palestinos quienes, a pesar de todo, pudieron fisurar el cerco informativo que estableció el Gobierno de Netanyahu sobre Gaza. Y es que no solo prohibió el acceso a los miembros de la prensa internacional, sino que ha convertido el ejercicio de ese oficio en una práctica letal; al menos doscientos cuarenta reporteros perdieron la vida por mostrar al mundo la masacre de la que era objeto una población atrapada e indefensa. Las palabras e imágenes de esos periodistas –y de tantos otros civiles que usan sus teléfonos para registrar los ataques y vejaciones– constituyen un acto de resistencia frente a una política que pretende silenciar y convertir esa franja en un punto ciego.[2]

Son las propias víctimas, mujeres y hombres encerrados, quienes han revelado al mundo cómo se bombardean escuelas y hospitales repletos de heridos; cómo se llora a los hijos muertos entre escom-

1. https://news.un.org/es/story/2024/04/1528826

2. https://elpais.com/eps/2025-10-05/objetivo-matar-al-perio dista.html

bros; cómo se destruyen instalaciones de luz y agua; cómo un convoy de ambulancias, con las luces de emergencia puestas, es atacado por militares hasta provocar la muerte de los paramédicos y rescatistas que buscaban hacer su trabajo; cómo un chico con síndrome de Down es embestido en su casa por un perro del ejército israelí hasta provocarle la muerte mientras le repite «basta, querido, basta», como solía hacer con los niños que lo molestaban; cómo se cierra sistemáticamente el paso de medicinas y alimentos hasta convertir el hambre en un arma de guerra; cómo los soldados abren fuego contra los civiles que hacen colas interminables para recibir comida en «campañas humanitarias»; cómo van apareciendo una, dos, cinco costillas en los cuerpos de niños famélicos...

Es demasiado.

Horror deriva etimológicamente del latín *horreo*, que significa «erizar» o poner los pelos de punta. Se trata de un escalofrío que nos atraviesa de golpe. Como explica Adriana Cavarero, el horror contemporáneo está ligado a una violencia expresiva que paraliza y congela el cuerpo. Nos asalta particularmente cuando se rompe toda simetría de poder y quien la sufre no puede escapar ni responder los golpes recibidos. Ese trato abusivo y repugnante sobre los inermes hace que nos cueste mantener la mirada.[1] Algo de esa afrenta revuelve el estómago y re-

---

1. Adriana Cavarero, *Horrorismo: nombrando la violencia contemporánea*, Barcelona, Anthropos/UAM, 2009, pp. 23 y ss.

suena con nuestra propia vulnerabilidad, con nuestra propia impotencia.

No es difícil imaginar hasta qué grado sorprenderá a las futuras generaciones la pasividad de la comunidad internacional para detener y denunciar como genocida la ofensiva de Israel sobre Gaza. Las palabras importan, no son inocentes, deben cuidarse, más cuando se trata de un término como el que acuñó expresamente Rafael Lemkin tras el Holocausto. En definitiva, no se puede tomar a la ligera una acusación de ese calibre. Pero con el paso de los días, la cautela razonable devino en un vergonzoso y sintomático no querer nombrar esa violencia atroz; cada vez era más claro que, mientras no se pronunciara la palabra *genocidio*, no se actuaría para detenerlo.

Hay palabras que obligan. Pronunciar este término apunta a los perpetradores del crimen, pero también a todos nosotros como espectadores de una violencia y crueldad que son ejercidas con una impunidad intolerable. A la denuncia presentada por Sudáfrica contra Israel por «genocidio» ante la Corte Internacional de Justicia, se fue sumando el informe de la Comisión Internacional Independiente de Investigación de Naciones Unidas, así como la voz de algunos jefes de Estado e intelectuales críticos. Entre ellos, reconocidos historiadores judíos como Amos Goldberg u Omer Bartov, para quienes no había ya lugar a dudas: «Sí, es un genocidio»;[1] «Soy un

1. https://thepalestineproject.medium.com/yes-it-is-genocide-634a07ea27d4

134

académico especializado en genocidio. Reconozco uno cuando lo veo».[1]

La historia es conocida. Tras meses de ver en nuestras pantallas el sufrimiento insoportable de los palestinos, llegaron manifestaciones masivas y acciones simbólicas, como la flotilla internacional con ayuda humanitaria que estaba destinada a ser interceptada. La irrupción de esas movilizaciones mostró la responsabilidad política de miles de personas que presionaban a sus gobiernos para posicionarse críticamente frente a la aniquilación de Gaza. Muchos ciudadanos y organizaciones israelíes de derechos humanos, como B´Tselem, también alzaron la voz dentro de sus fronteras. No pasó mucho tiempo antes de que países como el Reino Unido, Francia o Canadá reconocieran finalmente al Estado palestino. Tampoco para que los delegados de más de cincuenta naciones del mundo abandonaran la sala de la Asamblea General de la ONU antes de que diera comienzo el discurso de Netanyahu.

Cuando escribo esto, se ha establecido un alto el fuego y la ONU ha aprobado el controvertido plan de Donald Trump para la paz en Gaza. Nadie sabe cuánto tiempo durará este respiro. Más que alivio, reina el desasosiego y la vergüenza por haber llegado tarde. Nos lo recordarán durante años las cicatrices de los cuerpos, los miles de huérfanos, las piedras revueltas, los campos de refugiados que se eternizan y funcionan como una prisión. Habrá que acompañar a

1. https://www.nytimes.com/2025/07/15/opinion/israel-gaza-holocaust-genocide-palestinians.html

Pankaj Mishra para pensar el mundo después de Gaza desde la autocrítica, partir de que nada como su destrucción ha evidenciado, de una forma «tan vergonzante», nuestra «falta de pasión e indignación, estrechez de miras y pobreza de pensamiento».[1]

Pienso también en Omar El Akkad, un novelista que nació en Egipto y, siendo todavía un niño, migró junto con su familia a Qatar y a Canadá, para luego establecerse en los Estados Unidos. Tras los atentados del 11-S, se convirtió en periodista y vio cómo la guerra contra el terrorismo destruía la vida de personas con nombres, religión y color de piel como los suyos. Desde entonces se gana la vida contando historias y ha transitado a la ficción.

Atestiguar la devastación de Gaza le ha impulsado a escribir lo que piensa desde su propia experiencia como migrante. Entre otras cosas, narra cómo acumula videos de ese horror y cómo tuvo que cerrar a toda prisa la computadora para que su hija de siete años no pudiera ver la secuencia de una niña palestina –no muy distinta a ella– que es rescatada de las ruinas tras un bombardeo israelí. En algún momento, Omar El Akkad retuiteó el video de un periodista ciudadano que mostraba la brutal destrucción de Gaza y agregó un mensaje que ha sido compartido miles de veces y terminó dando el título a su ensayo: *Algún día –cuando no entrañe riesgo alguno, cuando podamos llamar a las cosas por su nombre, cuando sea*

1. Pankaj Mishra, *El mundo después de Gaza: una breve historia*, Barcelona, Galaxia Gutenberg, 2023, p. 19.

demasiado tarde para exigir responsabilidades– todo el mundo habrá querido estar siempre en contra.[1]

La cuestión es que la propia magnitud de la violencia acontecida rebasa lo estrictamente jurídico y nos obliga a preguntarnos también por su dimensión ética y política. Necesitaremos crónicas, novelas, obras artísticas sobre la herida que supone Gaza. Tratar de comprender las condiciones de posibilidad para que se produzca esta clase de abuso y crueldad en tiempo real; urge, en definitiva, reflexionar críticamente sobre por qué ha costado tanto trabajo sacudirse ese horror que paraliza el cuerpo y rebelarse ante un umbral de tolerancia que no deja de ampliarse y expandirse hasta producir la indiferencia más irresponsable. Todo parece ser posible, otra vez.

En una época que cultiva la complacencia ante lo cruento, sentirse afectado representa un acto de resistencia. Creo que es tiempo de configurar una ética que, al preguntarse qué debo hacer y para qué, no ponga en marcha esa vieja racionalidad que desprecia al cuerpo y las emociones, sino que parta de la vergüenza, la repulsión, el azoro, la congoja, la vulnerabilidad y esa esperanza que no se confunde con optimismo. Se trata de afirmar una concepción de autonomía y libertad que no pase por alto que somos seres relacionales e interdependientes; que ninguno

1. Omar El Akkad, *Algún día –cuando no entrañe riesgo alguno, cuando podamos llamar a las cosas por su nombre, cuando sea demasiado tarde para exigir responsabilidades– todo el mundo habrá querido estar siempre en contra*, Barcelona, Libros del Kultrum, 2025, pp. 15 y ss.

de nosotros estaría aquí sin que alguien más lo hubiera cuidado, y que todos, querámoslo o no, vivimos expuestos, afectados por la vida de los otros.

La responsabilidad colectiva tiene como condición de posibilidad no estar ni sentirse desvinculado. De un tiempo a esta parte, se ha encumbrado la tolerancia como la virtud democrática de aguantar con estoicismo casi cualquier cosa; la propia raíz etimológica del término habla de la disposición a soportar y a encogerse de hombros como quien se resigna al mal tiempo. Ese hábito se traduce en una distancia con nuestras emociones y con la vida de los otros que alimenta una indiferencia y pasividad muy lejos de lo deseable. No es casual que últimamente se rescate con frecuencia la paradoja de la tolerancia de Karl Popper para problematizar sus límites y reclamar el derecho a no tolerarlo todo ante el ascenso de la extrema derecha.

Plantear una ética de lo intolerable tiene como correlato apelar a los afectos comunes y a esa abrumadora sensación de mal cuerpo que nos golpea y nos permite reconocer aquello que no podemos tragar sin dañarnos a nosotros mismos. Obviamente, no se trata de cultivar la intolerancia ideológica o religiosa, mucho menos cualquier tipo de tribalismo; al contrario, se trata de hacernos absolutamente incapaces de tolerar cualquier manifestación de crueldad o vileza hacia personas que se asemejan o no se asemejan a nosotros. Una vez más, es momento de penetrar los muros, apelar al pensamiento crítico y hacer resonar testimonios que tienen la cualidad de revelarnos lo común en tiempos en los que todo parece separarnos. Toca guardar silencio y escuchar a esos niños que pueden hablar por sí mismos y explicarnos todo lo que importa.

> I want my hair to grow back,
> and to be like all the other children.
>
> And flour.
>
> [Quiero que vuelva a crecerme el pelo,
> y ser como todos los demás niños.
>
> Y harina.]

Hassan, 9 años,
Gaza, marzo de 2024

My wish
is to travel
To get to hospital and get prosthetic arms.
So I can hold a bowl with my hands.
So I can play.
So I can eat.

[Mi deseo
es viajar
Para ir al hospital y que me pongan
    prótesis en los brazos.
Para coger un cuenco con las dos manos.
Para poder jugar.
Para poder comer.]

Mahmoud, alrededor de 11 años,
Gaza, febrero de 2024

Let's eat this one together
We can share it now while you wait.
We can cut it in half.
I want to eat with you.
We can finish this one and then
    the other when it arrives.

Please I insist.
Let's eat it together.

[Comamos esto juntos
Podemos compartirlo mientras esperas.
Podemos partirlo por la mitad.
    Quiero comer contigo.
    Nos podemos terminar esto, y luego
        lo otro, cuando llegue.

Por favor, insisto.
Comámoslo juntos.]

Youssef, 16 años,
niño de Gaza herido hablando
con el doctor que le atiende, marzo de 2024.[1]

1. Testimonios y poemas de niños palestinos recabados entre 2023 y 2024. Sus palabras fueron dichas a cámara, mostradas en redes sociales y luego publicadas en el libro *A Million Kites,* editado por Leila Boukarim e ilustrado por Asaf Luzon. Wurzburgo, Flyeralarm, 2024, pp. 77, 97-99. La traducción es mía.

Referencias bibliográficas

AGAMBEN, Giorgio, *Homo sacer: el poder soberano y la nuda vida*, Valencia, Pre-Textos, 2010.

ARENDT, Hannah, *Responsabilidad y juicio*, Barcelona, Paidós, 2007.

BERGER, John, *Selected Essays*, Nueva York, Vintage Books, 2003.

—, *Un séptimo hombre*, Buenos Aires, Interzona, 2018.

BOUKARIM, Leila, y Asaf LUZON (eds.), *A Million Kites*, Wurzburgo, Flyeralarm, 2024.

BROWN, Wendy, *Estados amurallados, soberanía en declive*, Barcelona, Herder, 2015.

BUTLER, Judith, *La fuerza de la no violencia*, Ciudad de México, Paidós, 2021.

CAVARERO, Adriana, *Horrorismo: nombrando la violencia contemporánea*, Barcelona, Anthropos/UAM, 2009.

CARRÈRE, Emmanuel, *Calais*, Barcelona, Anagrama, 2021.

—, *Yoga*, Barcelona, Anagrama, 2024.

CARRILLO, Natalia, y Pau LUQUE, *Hipocondría moral,* Barcelona, Anagrama, 2022.

DAVIS, Angela, *Autobiografía*, Madrid, Capitán Swing, 2016.

—, *Democracia de la abolición: prisiones, racismo y violencia*, Madrid, Trotta, 2016.

DELEUZE, Gilles, y Félix GUATTARI, *¿Qué es filosofía?*, Barcelona, Anagrama, 2001.

DELEUZE, Gilles, *Spinoza*, Barcelona, Tusquets, 2009.

DOMÈNECH, Antoni, *El eclipse de la fraternidad: una revisión republicana de la tradición socialista*, Madrid, Akal, 2019.

DE HAAS, Hein, *Los mitos de la migración*, Madrid, Península, 2024.

DÍAZ ÁLVAREZ, Enrique, «El campo de la vergüenza de México», *El País*, 15 de marzo de 2025.

—, «Sociedades de control: miedo, cuerpo que deviene dato y nuevas formas de vigilancia», en *Ciudadanía bajo control: perfiles políticos y culturales*, Norbert Bilbeny e Ignasi Terradas (eds.), Barcelona, Icaria, 2021.

EL AKKAD, Omar, *Algún día –cuando no entrañe riesgo alguno, cuando podamos llamar a las cosas por su nombre, cuando sea demasiado tarde para exigir responsabilidades– todo el mundo habrá querido estar siempre en contra,* Barcelona, Libros del Kultrum, 2025.

ERIBON, Didier, *Michel Foucault*, Buenos Aires, El cuenco de plata, 2020.

FOUCAULT, Michel, *Defender la sociedad*, Buenos Aires, FCE, 2021.

—, *Vigilar y castigar*, Ciudad de México, Siglo XXI, 2015.

—, *El poder, una bestia magnífica: sobre el poder, la prisión y la vida*, Buenos Aires, FCE, 2012.

GARCÉS, Marina, *Escuela de aprendices*, Barcelona, Galaxia Gutenberg, 2020.

—, *Un mundo común*, Barcelona, Edicions Bellaterra, 2013.

GROS, Frédéric, *La vergüenza es revolucionaria*, Barcelona, Taurus, 2023.

JAMISON, Leslie, *Gritar, arder, sofocar las llamas: ensayos sobre la verdad y el dolor,* Barcelona, Anagrama, 2024.

LENOIR, Frédéric, *El milagro Spinoza*, Barcelona, Planeta, 2019.

LEVI, Primo, *Trilogía de Auschwitz*, Barcelona, Océano/El Aleph, 2012.

LUISELLI, Valeria, *Los niños perdidos*, Ciudad de México, Sexto Piso, 2021.

MISHRA, Pankaj, *El mundo después de Gaza: una breve historia*, Barcelona, Galaxia Gutenberg, 2023.

MOSSE, Richard, *Incoming*, Londres, Mack, 2017.

—, *The Castle*, Londres, Mack, 2019.

MOUFFE, Chantal, *El poder de los afectos en la política*, Madrid, Siglo XXI, 2023.

ORWELL, George, *Ensayos*, Barcelona, Debate, 2014.

PESCHARD, María José, «Visualidades hápticas y vulnerabilidad de los cuerpos: hacia una política-poética de la interdependencia», en Enrique Díaz Álvarez y Rosa María Lince (eds.), *Arte y política: narrativas, representaciones, violencias,* Ciudad de México, FCPyS-UNAM, 2023.

RANCIÈRE, Jacques, *Disenso*, Ciudad de México, FCE, 2019.

RORTY, Richard, *Contingencia, ironía y solidaridad*, Barcelona, Paidós, 1991.

SEGATO, Rita, *Contrapedagogías de la crueldad*, Buenos Aires, Prometeo Libros, 2018.

SERGE, Víctor, *Hombres en prisión*, Barcelona, Gatopardo ediciones, 2022.

SONTAG, Susan, *Regarding the Pain of Others,* Nueva York, Picador, 2003.

SPINOZA, *Ética*, Madrid, Alianza, 2013.

—, *Tratado teológico-político / Tratado político*, Madrid, Tecnos, 2018.

THOMSON, Kevin, y Perry ZUHN (eds.), *Intolerable. Writings from Michel Foucault and the Prison Information Group (1970-1980)*, Mineápolis, University of Minnesota Press, 2021.

VELASCO, Juan Carlos, *El azar de las fronteras*, Ciudad de México, FCE, 2016.

ZAMBRANO, María, *Los bienaventurados*, Madrid, Siruela, 2004.

ZAMORA, Javier, *Solito*, Barcelona, Random House, 2024.

Notas y agradecimientos

Desde Montaigne sabemos que el ensayo es pensamiento vagabundo. Se escribe literalmente al encontrar e ir tejiendo ideas sobre la marcha. Algunas de las reflexiones que conforman este libro surgieron al preparar las conferencias que realicé en las XVII Jornadas Internacionales de Filosofía Política de la Universidad de Barcelona, así como en las Lecture Series «Influence & Interference» de la Universidad de Princeton. Un acercamiento preliminar a Foucault y el GIP lo esbocé en el texto «Sociedades de control: miedo, cuerpo que deviene dato y nuevas formas de vigilancia», que forma parte del libro colectivo *Ciudadanía bajo control*, editado por Norbert Bilbeny e Ignasi Terradas.

Escribo a fuego lento, son muchas las personas que me han acompañado y padecido a lo largo del proceso de este libro. Me gustaría agradecer especialmente a mis editoras Silvia Sesé e Isabel Obiols, y a Virginia Roy, Emiliano Monge, Raquel Luzárraga, Ella Sher, José Ignacio Saldaña y Javier Lafuente, que leyeron alguna versión del manuscrito y me compartieron sus observaciones. También a quienes me hicieron llegar libros y materiales después de escucharme hablar obsesivamente sobre lo que tenía entre manos. Pienso en Mariana Díaz, Alonso Burgos, Helena Chávez, Josep Roy, Darío Alemán, Toni y La Social.

Índice

Nuevos cuadernos Anagrama